LA ALBERCA
monumento nacional

José María Requejo

LA ALBERCA
monumento nacional

TERCERA EDICION CORREGIDA Y AUMENTADA
FOTOGRAFIAS DE J. NUÑEZ LARRAZ

LIBRERIA CERVANTES - SALAMANCA

PRIMERA EDICION: 1964 (con fotografías de varios autores)
SEGUNDA EDICION: 1975 (con fotografías de J. Núñez Larraz)
TERCERA EDICION: 1981 (con fotografías de J. Núñez Larraz y Archivo de
Gráficas Cervantes)

I.S.B.N.: 84 - 85664 - 07 - 8
Depósito Legal: S. 475 - 1981

Imprime:
Gráficas Cervantes, S. A.
Ronda de Sancti-Spíritus, 9
Salamanca, 1981

A mis padres y hermanos,
en memoria de nuestra vida en
La Alberca.

PRESENTACION

Aquí me pongo a cantar,
sin gracia, que no la tengo.
Dame la tuya, serrana,
que, en cantando, te la vuelvo.

(Letrilla de ronda)

Queda a la espalda Salamanca, dorada Salamanca.

Quedan atrás exámenes, barullo de mil cosas humanas. Y un estudiante va a por paz y sol, a por sombra y sosiego.

La ciudad y los libros le han puesto pálido a las puertas morenas del verano. En La Alberca, acurrucada en paz de tiempo antiguo, muchachas firmísimas, con mejillas de manzanas maduras y labios de cerezas, huelen a heno y a hogueras de San Juan.

Carretera adelante, entre encinares chatos y pitones de toros, hasta perderse en los castaños recogidos de la Sierra de Francia. Aquí, junto a unas aguas blancas que redondean aristas a las piedras, puede tirarse uno boca al cielo, cruzar las manos en el pecho, cerrar los ojos.

*Un hombre, ciertamente joven, tirado sobre el santo suelo,
cierra los ojos y se queda a soñar. Quiere encontrar —y encuentra— poesía y amor en un pueblo poético y dormido, que se
hace violencia, aunque sin alboroto, por salvar su dignidad antigua en la pobreza que le ha traído el tiempo. Uno sueña las
lindas y lánguidas historias que vive cada día, más hermosas
antaño, cuando no preocupaba derrochar alegría y pólvora en
las Fiestas de Agosto.*

*Sabe uno que no encontrará mozas vestidas de serranas en la
calle, ni muchachos con faja, ni novias con el traje de vistas.
Barre el tiempo. Se han apagado muchas velas, ha muerto mucha vida. Pero aún tiene tragedia el escenario; son curiosas o
profundas las escenas.*

*Si alguien desea un nombre donde poder vivir, dormir sin
prisa, morir, si quiere, honestamente, que apunte para el paladar de la memoria este nombre de aguas varadas, que son las
que florecen, LA ALBERCA.*

EL ESCENARIO

...y cada lugar,
su modo de arar.
(Refrán popular castellano)

PAISAJE

Al sur de Salamanca, junto al kilómetro 78, se ha dormido La Alberca hace cientos de años. Más allá del valle caliente y sombreado de Las Batuecas quedan Las Hurdes, con sus historias tristes y su realidad poco menos amarga. A cincuenta kilómetros, por el lado de oriente, el sol quiebra los cristales de Béjar. Al otro punto cardinal, entre la Peña de Francia y la frontera portuguesa, Ciudad-Rodrigo espera los toros callejeros de sus bullidores carnavales.

En La Alberca, crucero de los cuatro caminos, vale bien detenerse.

No anuncian a La Alberca, ni cerca ni lejos, cartelones que abrirían a los ojos perezosos del turista un programa de sorpresas. La Alberca está como a desmano. Hay que buscarla por una carretera que da vueltas a robles y castaños y que, afortunadamente, cubre, desde Salamanca, su piedra con asfalto.

La Alberca ofrece dos paisajes: el paisaje suavísimo de verano, con truchas y frutales y el paisaje helado de invierno, con jamón serrano.

A La Alberca de verano no se la encuentra hasta darse de narices con sus casas. La ocultan mil verdes apretados: el verde sucio del robledo, el brillante verde de los castaños, el verde materno de la noguera, los diminutos verdes de perales y manzanos, el verde bajo del brezo y del pinar naciente, el pobre verde del patatal, el verde pegajoso de los fréjoles. Verdísimos verdes, como para ponerse sentimental.

A La Alberca de invierno la vigilan innumerables esqueletos de árboles que esperan la primavera.

La carretera de Salamanca, a las mismas puertas de La Alberca, se abre en dos caminos con los que quiere abrazar los viejos edificios. El camino de oriente va hacia Béjar por entre viñas de Mogarraz y de Miranda, el de poniente llega a Coria o Plasencia atravesando Las Hurdes.

La Alberca, que tiene nombre de agua perezosa, queda entre dos aguas en las que saltan truchas, entre dos arroyos mínimos y revoltosos, el *Arrolberca* y el *Arrohuevo,* que nacen más arriba del pueblo, en las fuentes inguinales de la sierra, y le corren uno y otro costado.

La Alberca duerme, como un nido agreste y negro, entre verdes y aguas.

Por cualquier parte que se tire, la naturaleza está dispuesta a poner sorpresa en la mirada. Habrá siempre un lugar de nombre bello: Las Peñas Tiritinas, La Senjá, El Paraíso de Elías, donde decir:

—Me quedo.

Se encontrará siempre la paz de un prado ofrecido a la forma horizontal del cuerpo abandonado. O la humildad de una peña donde la espalda pudiera desear apoyo, mientras acompaña al pulmón un aire lozano y retozón que arrastra aromas montaraces. O caminos estrechos, doblados, por los que soñar cuentos o películas del oeste, siempre entre sol y sombra, entre sombra y sol siempre. Por los caminos de La Alberca, se puede ir, bajo el cielo de mediodía, sin sombrero. Y parar o mojar las manos o los dientes hasta que duelan.

Aprietan al pueblo innumerables huertos familiares, huertecitos de juguete con coles y lechugas, con la primer patata y el frejón primero, huertos generosos que dividió el tatarabuelo, que dividió el abuelo, que va a ser difícil que divida el padre.

Donde acaban los huertos diminutos comienza el castañar a hacerse grande y ancho como camisa de hombre vago. El castañar está en derrota. El mal de la tinta ha herido el corazón del castaño, y se ven esqueletos de árbol arañando el paisaje hasta que el hacha los derriba; porque los muertos no hacen nada en pie. Los viejos se lamentan de que se han mareado los castaños:

—Entonces sí que era una bendición de Dios. Mi abuelo cogía más de mil fanegas de castañas y cebaba cien cerdos. Se arrimaban las mantecas.

Crecen, ahora, la escoba y el chaguarzo, se junta el monte con lo que fue terreno arado y hay que apretar la cincha a los riñones...

La Alberca va mermando...

*   *   *

LAS CALLES

Por los pueblos de la Sierra de Francia no hay una buena recta. Se curvan los caminos, se rompen las líneas de las fachadas, y uno se pierde donde menos espera. Gusta a uno perderse por trochas de pastores, por calles o callejas que suben, bajan, se entrecruzan, se retuercen caprichosas, ofrecen la sorpresa de una fuente donde poder sentarse y hundir las manos en el agua, sintiendo el tiempo quieto en sus tres dimensiones: ancho, largo, profundo...

—¿Quieres beber?

Pasan caballos ágiles y ponen fuego èn el empedrado. En estas calles toscas, hondísimas, estrechas, es obligado liar el cigarrillo sin prisas, encender lentamente. Y, mientras el humo se abarroca con pereza, echar de la memoria las trincheras altas y angostas de los muertos y acercarse a la cordialidad de los humildes.

Los aleros de las casas de uno y otro lado de la calle se han quedado tan próximos que difícilmente posará el sol tres horas su luz limpia en la frialdad del empedrado. Desde luego, si llueve, no hay necesidad alguna de paraguas. Váyase lo uno por lo otro.

Si en la noche hubiera luna llena, habrá que salir de vagabundo a jugar con ella al escondite por esquinas y rincones. Se torna uno más romántico, más franciscano en estas callejuelas alargadas a la buena de Dios, callejuelas para solitarios. La luna adelgaza su cintura, como las muchachas núbiles, alumbrando los entresijos de las calles.

Uno recuerda, a las altas horas de las estrellas y los grillos, todos los nombres poéticos de las calles y rincones de La Alberca: Llanito, Espeñitas, La Sierpe, Cañá, Juegadardos, El Chorrito, Barrionuevo, Prados, Barrera, El Pedregal, Petalla, La Amargura, El Campito, Mural del Castillo, Esquina del Tornero, Rincón del Conventino, Del Tablado, La Balsada...

Bajo la luna, todo es nuevo. Pasa, como una imaginación desdibujada, el cristalino repique de una esquila, los arrastrados pies de un grupo de mujeres. Es la imagen fugaz y repetida, como el rumor y el agua de la fuente, desde lejanos siglos, dando unión y secuencia a las generaciones de ayer con las de hoy, a las de hoy con las de mañana. El pálpito del alma, sorprendido sólo en la soledad, queda callado, fortalecido con este pensamiento.

Y se vuelve al placer, pequeño y cálido, de caminar despacio, paso a pasito, con las manos en los bolsillos, con los hombros echados hacia atrás, soñándose caballero del más hermoso libro de caballerías, amante sin amor, trovador sin dama, can sin dueño que irá a caer, seguramente, en la plaza mayor.

LA PLAZA

La plaza es ancha. La plaza es cuadrada. La plaza es la habitación más íntima del pueblo.

Cuando bailaban las muchachas en la plaza, se notaba un seguro calor de alcoba próxima. ¡Y qué bien le venían a la sangre de los mozos las tabernas de la plaza! Andaba el amor suelto en las tardes de domingo.

La plaza limita con tres bares al sur, con tres tabernas de vino gordo al este. A la lengua de los lugareños, quieta seis días de cada semana, hay que animarla con tabernas; y a su filosofía. Se nota el vino en la garganta como puré mal prensado.

Los hombres del pueblo hacen cansina procesión contemplativa por las tabernas de la plaza; y por las tabernas de fuera de
la plaza. También los pintores y pintoras; porque saben que
sabe mejor el vino rojo de Marcos o del Pórru o del Colorao
que el del mismísimo Chicote; y cuesta más barato.

Los veraneantes, los señoritos, los mozos que andan estre-
nando novia, se sientan en las terrazas de los bares cuando viene
el verano y baja menos fresco de los pinos y los brezos de la
sierra.

En los bares hay receptores de televisión, y la gente va apren-
diendo nombres de artistas, de toreros y de futbolistas.

Sobre la terraza de los bares, clavadas en la viga que sostiene el balcón de un edificio que fue escuela y es, hoy, salón de
baile, quedan varas y pesas, que fueron medidas escasas para
traficantes del XVIII. Las personas sorprendidas en uso de tales
medidas eran expuestas a la vindicta pública.

La plaza de La Alberca tiene soportales acogedores y flores,
muchos tiestos floridos en los balcones, indicios ambos de viejo
señorío y de antigua larguez. Los abuelos, y los que no lo son,
se sientan bajo los soportales y permanecen inmóviles largo
tiempo con regusto africano.

Como casi todas las plazas cuadradas de España, a un lado
tiene el Ayuntamiento, con balcón largo, desde donde las autoridades ven el toro *el día de agosto,* desde donde los alcaldes
puede ser que hablen una vez en su vida al municipio.

El Ayuntamiento está al poniente, mirando a las tabernas.

El cuarto lado de la plaza, el del norte, quedó abierto. En él
se alza una esbelta cruz de granito, que lleva en relieve un
cristo, una virgen y otros motivos de la pasión. Le hacen guardia
dos farolas.

A los pies de la cruz hay una fuente con dos chorros y, casi siempre, alguna moza con rojos cántaros de barro; y, si no viene mal, habrá bebiendo alguna cuba, a la que se le ha aflojado la barriga.

La plaza de La Alberca, cuando cobra color de fachadas y de gentes en las tardes de domingo, puede ser más interesante que una playa. Todo depende de la intención con que se mire.

La plaza, ancha y cuadrada, y la hermosa cruz de piedra, tienen suerte con los pintores. Los pintores, algunos de los pintores que pasan por La Alberca, ponen en una columna de la plaza su firma, que enborronan, si alcanzán, los chiquillos.

La Alberca tiene más plazas, como tiene más fuentes. Al pueblo albercano le nacen, como de su nombre, media docena de fuentes que hielan la sangre. Dicen que el agua de la fuente del Pilarito se usaba para después de los alumbramientos, y la de las Espeñitas, para curar los ojos. Aseguran que la de la fuente del Indiano fortalece los estómagos caídos, y que la del Repesón revienta los pulmones en verano.

Las casas albercanas han cercado cuatro plazas más feas, más sin geometría, más interesantes que La Plaza: la del Castillo, la del Barrionuevo, El Solano Bajero y El Solano Cimero. En casi todas estas plazas, y en otras seis plazuelas de nombre bello, ha brotado una fuente o ha crecido una cruz. Tiene muchas cruces este pueblo...

* * *

LAS CASAS

Las casas de La Alberca tienen esqueleto como cualquier persona. Es un esqueleto complicado de maderas de castaño, tan unidas como los huesos de un hombre maduro.

Acongoja el temor de morir aplastado, en cualquier momento, bajo estas casas viejas, negras, íntimamente negras. Pero sus columnas vertebrales se tuercen o retuercen en eterno desequilibrio. Por todos los costados tiran los huesos unos de los otros. El día que caiga un edificio, vendrá abajo todo el pueblo, comunitariamente, familiarmente.

Entre maderas y maderas, entre el jeroglífico de tirantes robados al castañar, se van sumando piedras como se suma carne al cuerpo de los niños. Las piedras son pequeñas; piedras de hacer piteras en las cabezas de los bueyes; o adobes de barro de laguna, que ha secado lentamente el sol.

Las fachadas de las casas son extrañas y atrevidas. Primeramente sube un muro de granito enmohecido. En el muro hay abiertos dos portones irregulares: el uno, estrecho, para los hombres; el otro, ancho, para los animales. El portón de los animales o *vallipuerta* de la cuadra se abre a la derecha, según desmonta el jinete.

Sobre el dintel de la entrada pueden encontrarse fechas de construcción: 1613, 1616, 1708, invocaciones a la Virgen, cruces, algunos escudos pontificios y de órdenes religiosas y hasta la palma y la espada de la vieja y Santa Inquisición:

—¿Hubo aquí inquisidores?

—¿Cómo?

—¿No ha oído usted hablar de la Inquisición?

—No, yo no...

—¡Vaya!, pues que siga usted sordo.

De que la Inquisición anduvo estos caminos no nos cabe duda. Y de que La Alberca y Las Hurdes eran buen refugio para los huidos de políticas y devociones de los hombres, tampoco.

Sobre el muro de piedra avanzan hacia la calle, robando el espacio que el atrevimiento del albañil permite, balcones voladizos y solanas, asomaderos de medio cuerpo de la casa para días de fiesta o de verano, lugares a propósito para que los niños jueguen haciendo chorrito con la filtración de sus riñones inocentes.

Los balcones pueden ser de hierro o de madera. Los primitivos balcones, los de aquellos viejos tiempos en que no había contratistas que le chuparan el corazón a los árboles maduros, debían ser todos de madera, de tosca y renegrida madera de castaño.

De los postes del balcón, en intentada derechura vertical pocas veces conseguida, arranca la segunda parte de la fachada: travesaños de madera entramados, entretejidos, entretravados, y *cascarreña* rellenando espacios entre postes, tornapuntas y puentes. Cubriendo los costados de las casas contra los vientos y las lluvias de invierno, tablas largas del castaño ennegrecen y pudren sus afueras en breve tiempo. Y sobre el muro delgado, nuevamente los balcones corridos se asoman a la calle, amedrentando a los turistas. Encima de estos últimos balcones, los aleros de tejados de uno y otro lado de la calle se buscan, se aproximan, se quieren como enamorados castísimos que juegan a tocarse nada más las puntas de los dedos.

Bajo la ceja del tejado, abre su ojo negro el ventanillo de la hierba, por el que los niños, ayudándose con una polea de madera, pasan de la calle al sobrado, el heno de San Juan.

Los muros, desconchados como carne de leproso, revocados quizá en uña de gato, son negros; grises y negros. Solamente alrededor de las puertas o de los ventanucos por donde puede asomarse una cabeza o, a lo más, una cabeza y un hombro, hay un blanco círculo blanquísimo que la dueña de la casa dibuja cada año con una escobilla silvestre, girando el brazo en redondo desde dentro del cuarto, como pudiera hacerse girar un badajo de campana. Algo así como el sombreado con que las señoritas redondean sus ojos para sacarlos a la calle. Pero un sombreado más cálido, de cal barata apagada con agua de la fuente.

En los pueblos agrícolas, en los pueblos que enlazan directamente con antiguos patriarcas, minerales, vegetales, animales y hombres viven en pacífica hermandad, como en un portal grande de Belén, ayudándose con sus muertes los unos a los otros.

La casa albercana tiene tres partes fundamentales, organizadas por superposición: cuadra, vivienda y lugar de almacenamiento.

En el piso bajo de la casa, en la cuadra, habitan los animales de cada día: el sufrido mulo, las lechosas cabras, las cacareantes gallinas, el cerdo que va haciendo jamones. Los animales están en buena convivencia, salvo a la hora de comer. El ganado de labor requiere un pesebre grande; los cerdos, una pila de granito con tres senos; a las gallinas les basta el santo suelo, para revolverlo. Para almacén de pajas y forrajes, la cuadra tiene un cuarto bajo la escalera, que se llena por una trampilla abierta en el primer rellano; y una bodega, al fondo, para el vino o el aceite, o para almacén de estiércol cuando no se recoge ya ni aceite ni vino.

Al lado mismo de los animales arranca la escalera: peldaños desiguales, empinados peldaños de madera para matar abuelas. La escalera se prolonga en dos tramos, separados por el primer rellano, que da acceso a las salas del piso medio. La escalera sube recta del portal a la cocina, para poder vigilar desde su altura la entrada de la casa.

En el piso medio y alto hace su vida el hombre.

En el piso medio, las habitaciones íntimas, salas grandes con dos alcobas sin ventilación, salas desangeladas donde se hicieron los hijos y se guardan los *majos*, huelen a manzanas vivas hasta mayo. De los arcones de nogal oscurecido nace otro olor más viejo a trajes de boda de bisabuelos, trajes de boda que sólo verán aires de marzo que limpian la polilla y soles de fiesta bien repicada.

En el piso alto está el *campo casa* al final de la escalera, la cocina, el *cuarto'l salaero,* la despensa y salas con una sola alcoba.

El *campo casa* es una habitación espaciosa como descansadero detrás de muchos escalones. Enfrente de la escalera puede lucir un vasar o la espetera, con utensilios de cobre y de metal dorado que antes de la invasión de porcelanas y de plásticos debían hacer buen uso en la cocina.

En el *cuarto'l salaero* se pone sal en los jamones, se amasan los chorizos y los lomos, se preparan esas cosas que, descansadas en la umbrosa despensa, dejan buen sabor de boca, con el vino que ayuda, a los amigos.

La cocina es el lugar de todas las horas. Separada de las cuatro paredes, hacia el centro de la cocina, iluminándola, la lumbre consume viejos troncos sobre la piedra del hoguero. Alrededor del fuego, casi romano fuego sagrado, cada miembro de la familia tiene su lugar propio: el asiento del padre, el rincón de la abuela que se adormila con el rosario, el tajo del mozo que se casará con la hija.

En algunas cocinas se ve todavía el *entremijo,* pieza circular de granito, con canal periférico que vierte por un pitón, como recuerdo de días hacendosos en que se lavaban paños de lino en una media tinaja encajada en el canal del *entremijo.*

La cocina es oscura, la cocina no tiene chimenea. El humo se entretiene en vigas, *cintas* y *cachas* del sequero, dejándolas más negras y brillantes que zapatos de señorito, y sale, despacioso, por entre los huecos del tejado. En otoño, cuando las castañas pelirrojas han sido recogidas del campo, son amontonadas en el *sequero* del desván a poco más de dos metros de las llamas de la cocina. Y el humo va sacándoles el agua interna lentamente, arrugándolas lentamente hasta que están a punto para desnudarse de las pieles externas, quedando blancas y azucaradas, riquísimas castañas pilongas.

En el piso último de la casa, en el sobrado, se almacenan los productos agrícolas bajo el faldón del tejado.

Los tejados se aprietan junto a la torre de la iglesia, haciendo testudo como legionarios romanos. Sobre pocos tejados sobresalen chimeneas recientes o viejos barreños, a los que el uso gastó el fondo, recogiendo los humos de la casa.

LA IGLESIA

No hay pueblo en España sin iglesia donde arreglar un poco la tristeza de cada día. La iglesia es algo el corazón del pueblo; el grande, magnánimo, hermoso corazón de todos.

La construcción de la iglesia actual de La Alberca fue iniciada, según cuentan los libros, el 9 de mayo de 1730, cuando había más jamón en las despensas. Bajo la primera piedra, *que es la señalada con dos cruces en la esquina que mira entre Ponien-*

te y Aquilón, se metieron monedas en todas jerarquías desde
dos reales de plata abajo [1].

A la figura primitiva de la iglesia le fueron añadiendo ca-
pillas. La del Rosario fue construida en 1777, la de la Virgen
de los Dolores, en 1785.

La capilla de los Dolores la mandó edificar el albercano González Pavón, Arcediano de Córdoba de Tucumán y Deán de
La Paz, quien falleció, según las buenas lenguas, cuando le quedaban solamente dos reales en el bolsillo. Sin duda alguna, murió en olor de santidad.

La capilla está presidida por una imagen que, por tener color
de chocolate, los amantes hijos de la localidad defienden, fue
traída de las Américas por el indiano. A uno le parece muy bien
que haya defensores de los valores locales, pero cree bastante
probable que, en aquellos años de finales del XVIII, los ameri-
canos del sur no cocieran precisamente imágenes para la devoción hispana.

En la misma capilla hay un Jesús atado a la columna que
bien merece un detenimiento.

Aunque más detenimiento merecen, fuera ya de la capilla
de la Virgen de los Dolores, el Santo Cristo del Sudor, San Pedro vestido de pontifical, el grupo escultórico de Santa Ana, la
Virgen y el Niño, y el púlpito de granito policromado.

El Cristo del Sudor puede ser de Juni o de Berruguete o de
alguno de sus discípulos. Es severo, dramático como todos los
cristos de la escuela vallisoletana.

La talla de madera de San Pedro, bendiciendo *urbi et orbi,*
es poderosa, impresionante y pesada. Aquellos hombres antiguos

---

[1]   Del *cuaderno familiar* reproducido en: P. Manuel M.ª de los Hoyos.
La Alberca, monumento nacional. Madrid, 1946, pág. 98.

que discurrían como niños y querían a San Pedro como gigantes, empeñados en llevarlo procesionalmente sobre hombros de barro, hubieron de socavarle las poderosas costillas para que pesase menos.

El grupo de Santa Ana, la Virgen y el Niño, en una pieza única sacada del ancho corazón del nogal, puede ser del siglo XII o XIII. Se encuentran muy pocos grupos semejantes.

El púlpito de granito es hermoso y difícil. La policromía envejecida le deja a tono con el color sobrio de la iglesia. Se le ha calificado del tiempo y del estilo del Pórtico de la Gloria de Santiago de Compostela, mediado el siglo XII.

La iglesia es solemne, acogedora. En ella cabe todo el pueblo, excepto el día grande de la patrona.

En la iglesia hay cálices, ciriales, lámparas, cruces y besamanos de plata, casullas y frontales de crecido valor, que les sacó la devoción a los albercanos ricos de antaño. Hoy guarda y, a veces, muestra los tesoros sacros un museo parroquial, juvenil y bienintencionado.

Además de la iglesia, La Alberca tiene cuatro ermitas: la de San Antonio donde las mujeres, más materialistas que románticas, encomiendan los animales de la casa. La del Humilladero, ante cuyo Cristo se reza cuando avanza la cuaresma. La de San Blas, en la que no se reza nunca, pero que ofrece, con el ciprés enhiesto, la estampa más deliciosa de paz contemplativa, a la que sólo falta un fraile con capucha. Y la de Majadas Viejas, a dos kilómetros del pueblo, en medio de los robles de la dehesa.

* * *

VESTIMENTA

*Remienda tu sayo y pasarás
tu año; vuélvelo a remendar y
pasarás otro más.*

(Refrán popular castellano)

TRAJE DE VARON

A los trajes típicos de La Alberca, a los trajes que vestían a diario los tatarabuelos, y que ya los abuelos empezaron a usar los domingos, no se les saca al sol sino los días felices.

Cuando el tamboril suena a boda o fiesta grande, las mujeres albercanas remueven los *majos* dormidos entre romero en los amplios arcones de nogal.

Para dejar mi figura en cartulina, me ha vestido la madre de pintura, la albercana que fue modelo de Sorolla, con un traje antiguo que hace sudar.

—Pon esto lo primero.

Lo primero es un camisón ancho de blanco lienzo, de tosco lienzo, que me cuelga hasta las rodillas y me trae al recuerdo la figura de Don Quijote haciendo penitencias de amor en Sierra Morena, vista seguramente en mis lecturas escolares.

—Es del lino que cultivaban los abuelos.

El cuello alto luce dibujo marcado a punto de cruz, al que las labranderas llaman ojito amarillo.

El cuello se cierra adelante con un gemelo formado por dos abultados botones de oro, dos hermosas mitades de preciosas amígdalas gigantes entre las que mi nuez de mozo flaco quiere asomarse presumiendo.

Escondo el largo camisón, como mejor puedo, en las anchuras de unos calzoncillos largos hechos también de lino áspero.

—Es para que haga cuerpo y no te caiga ancho el calzón.

Por las afueras del calzón da placer acariciar su bellísimo terciopelo azulado. El calzón se junta al cuerpo como una gruesa piel. El calzón se cierra en la cintura, por delante, con el *arzapón,* que sostiene un botón de plata, y con una delgada correa de piel de cabra, que arranca de los riñones y se anuda en el ombligo.

El calzón se estrecha piernas abajo, y puede ceñirse bajo las rodillas con botonadura de plata o quedar abierto, dejando sueltos los botones y colgantes de plata, a los que llaman follajes, para que campanilleen al andar. Hay otro tipo de calzón que no se estrecha en las rodillas, sino que está siempre abierto. Lo llaman bombacho.

Me cubren las piernas con calcetas de hilo blanco, sin pie. Y no me dejo poner sobre los zapatos las polainas negras porque adivino sensaciones de pato apeado.

Aprieta el camisón al pecho un chaleco de terciopelo azul con doble hilera de botones de plata. La hilera de la derecha sirve para presumir. La de la izquierda, para cerrar el pecho, aunque solamente se abotona hasta la mitad. El chaleco cuadrado lleva cuello bajo para poder mostrar la *tabla* o pechera bordada de la *camisa galana.*

Sobre el chaleco, va la chaqueta corta de rizo, con broches de plata. Parece lo mejor echarse al hombro, con garbo, la chaqueta, a la manera del dormán de un húsar, para que luzca el terciopelo del chaleco.

Falta dar vueltas a la cabeza y la cintura. La cabeza se ciñe con un pañuelo de seda, al estilo moro. La cintura, con una faja de rojos damascos terminada en flecos que se derraman por delante.

Me siento regresado a un mundo de hace cincuenta años, de hace quinientos años.

—Estás más hecho que con esos pantalonines de tela de cebolla que usáis ahora. Y tienes porte y peso.

Indudablemente tengo peso, un hermoso peso de terciopelo y plata biensonante.

CINCO TRAJES FEMENINOS

Son presumidas las mujeres, aun las de aquellos tiempos en que no salían de la cocina sino para ir a misa, y amigas de estrenar vestido.

Aunque, en cuanto a estrenos, debieron tener poca suerte nuestras abuelas. Sus vestidos tenían más vida que ellas, y así hemos podido heredar sus trajes serios, religiosos, dignos de la más galante reverencia, y que no gustan a las chicas jóvenes de hoy, acostumbradas al liviano, volandero y feo percal, que pone las formas descaradamente ante los ojos de muchachos en edad de húmedas pasiones.

Traje de Vistas

Los hombres que entienden y los chamarileros que han dejado casi desnuda a La Alberca, aseguran que el traje de vistas es el más hermoso y rico de toda España. También es el más antiguo.

Los que se empeñan en buscar a todo orígenes y semejanzas, hablan de influencias árabes y judías. Seguramente tienen razón.

Las formas de la carne quedan encubiertas por la castidad absoluta del traje. Las mujeres delgadas crecen su cintura con almohadillas y toallas no sólo por afán delicioso de mentir sino para dar apoyo a las pesadas sayas que han de soportar encima. Entre la intimidad de la carne y los ojos del curioso, hay media docena de faldas o manteos.

Conviene dejar a las mujeres que hablen, que mangoneen a su gusto mientras atavían con un traje típico el cuerpo espigado de una moza:

—Para ayudar a formar cadera lo mejor es un refajo de vuelo, cortado en línea recta y fruncido.

—Las cenefas en tejido de oro de las faldas se llaman cortapisas, ¿sabe usted?

—Ah, no; no sabía.

—Bueno. Creo yo que le sentará bien el manteo de vistas.

El manteo de vistas es el último manteo de los manteos, el manteo del exterior, el manteo para ver. Tiene un color morado oscuro y es de paño de lana cortado a capa y cruzado por detrás. Todo el borde y el lado que monta en la parte alta va guarnecido con adornos en franjas de terciopelo negro.

Los pechos de la joven a quien visten han desaparecido al crecer el abultamiento de las faldas. El manteo de vistas ha sido ajustado a la cintura núbil mediante un cinturón de hilo de vivos colores al que han dado el nombre de fajero. El fajero se cubre con el ceñidor, cinta de seda bordada que se anuda a la espalda, dejando caer airosamente los borlones dorados con que se rematan sus extremos.

—*Echáime* el *jugón*.

El jubón que cubre el pecho es de terciopelo negro. Por el escote del cuello y por las mangas asoman los bordes de una camisa negra de seda bordada formando conchados o escamas. El jubón luce las mangas con botonadura de plata afiligranada, generalmente doble; y al abrochar una parte, queda colgante la otra y campanillea.

—El tintineo da mucha gracia al andar.

—Si se le sabe poner salero.

—¿*Ande* habéis echado el *bernio*?

El *bernio* o mandil o delantal es de la misma tela que el manteo y lleva adornos semejantes, además de una puntilla de plata. El mandil rectangular parece una casulla y cubre la delantera del manteo ocultando el *farraco*.

El manteo baja junto a los tobillos, pero aún se ven las medias encarnadas con curiosos bordados en lana.

Calza el pie negro zapato bajo, que luce en el empeine ancha hebilla de plata cincelada.

—*Echai pacá* la mantilla.

El tocado lo forma una especie de velo o mantilla rectangular, confeccionada sobre una tela, especie de nansú de seda, labrado y guarnecido de galones de seda en color coral, formando dibujos y bordeada de un encaje de bolillo blanco [1].

Una abuela vieja, muy vieja, es la especialista en vestir:

—*Dejáime* a mí el ponerla que requiere su arte.

---

[1] P. Hoyos: *op. cit.*, pág. 457.

La abuela coloca la mantilla de encaje con cuidadoso mimo.
Rodea el cuello de la moza con el velo, cual si fuera a embozar
a una mujer mora. Busca que los ángulos, rematados por borlones de oro, queden en diagonal, pendiendo una borla sobre la
frente, dos sobre los hombros, la cuarta sobre la espalda.

—Las joyas.

Las joyas están en un ancho canastillo de mimbre blanca
porque no caben en el cuenco de las manos más generosas. La
abuela, haciendo colgar de sus brazos levantados un collar que
le llegará a la moza por debajo de las rodillas, me mira con los
ojos gozosos, casi soberbios con que, a veces, miran las abuelas.

—El señor no habrá visto cosa igual.

—No, señora.

—¡Si es que no lo hay! ¡Ni en España. Ni en el mundo!

—Lo creo, señora.

—¡Es que tiene usted que creerlo!

—Sí, sí. Sí señora.

Al serio traje de vistas no le va bien el oro. Los collares suelen tener tres vueltas dobles de coral y dos o tres de plata y el
rosario. Hay otros collares pequeños a los que denominan *manojitos de coral.*

La vuelta grande ha sido hecha ensartando gruesas bolas
afiligranadas, a las que se conoce con el nombre de *bollagras,*
que alternan con castillos de plata sobredorada. En la mitad de
la vuelta grande está suspendida la venera o patena, redonda
joya renacentista en la que está cincelado Santiago matamoros.

—Esos castillos parecen torres de ajedrez.

—Sabrá el señor que se llaman *carretes.*

Entre *carretes* y *bollagras* cuelgan grandes cruces de plata
con medallas pendientes de uno de los brazos.

Sobre los costados, de unos ojales o corchetes que el corpiño tiene ante el arranque del brazo, cuelgan las brazaleras, nutrido manojo de cadenillas de plata de las que están suspendidas campanitas y sonajeros, amuletos y medallas, relicarios y estuches, trozos de cristal de roca y otros curiosos detalles. Las brazaleras han tenido origen en las cadenas adornadas con que las mujeres sostenían cómodamente la rueca.

—Puedo fijarme.

—Sí señor. Fíjese usted en la trucha del lado izquierdo.

La trucha de plata está articulada y se mueve graciosamente.

—Este es el *corazón de la novia,* regalo de su futuro esposo. Y estos otros dijes, *La pezuña de la Gran Bestia,* el *cuerno, la media luna...*

A los amuletos del traje de vistas se les atribuyen poderes mágicos poderosos.

La joven está hermosa, como una dama de Elche rígida, viviente, que mirara a un fabuloso y remoto mundo oriental.

Trajes de luto

Nuestros abuelos, con pensamientos de agujero de Edad Media, se tomaron muy a pecho la muerte y sus alrededores.

En La Alberca, en el anochecer de cada día, las ánimas de los muertos se asoman al recuerdo de los vivos. En La Alberca, los muertos extendieron su dominio por el mundo diario de los vivos, de los resignados y esperanzados vivos, desde las campanas del alba hasta la llama nocturna de los faroles del osario, en el rezo de la comida y en el baile vedado a la sangre de mozas con familiares pudriéndose.

Y, como la gente sencilla de los pueblos suele ser tan sincera como las espigas, cuando la muerte muerde con su guadaña

mellada, se visten de tristeza por los adentros del espíritu trabajado por Manrique, y por las afueras de la carne difícilmente
sensual.

El traje de las horas serias es el de ventioseno. Es traje para
despedir a los muertos, para llevar las novenas ante el altar,
durante un ofertorio que el cuerpo presente del muerto en ofrenda total ya no entiende.

El traje de ventioseno es negro, sin alhajas, sin adornos ni
sobrepuestos, grave, austero, imponente, como para causar temor en los que nacen.

Sobre las medias blancas, que apenas se dejan ver, no hay
más que un rebujo negro de negros paños átonos y solemnes:
manteo negro, con cortapisa ligeramente azul, guardando la cadera, pañuelo negro escondiendo el pecho, mantita negra ocultando los hombros, amplio manto negro hurtando, en su caída
hacia atrás todo el cuerpo y, en la fronda de una bola de seda
negra puesta sobre la frente, el indefenso y lacrimoso pensamiento.

Creo que este traje no lo vestían las jóvenes. E hicieron bien,
porque hubieran muerto de desgana, de languidez, de alucina-
ción, antes de tiempo.

Pariente del traje de ventioseno es el de mantita. El traje de
mantita ha perdido el manto solemne del de ventioseno y ha
ganado en joyas. La mantita se abrocha por delante con broches
de plata.

El traje de mantita queda entre el de vistas y el de ventioseno. Lleva zapato con hebilla de plata y pañuelo de fuego, pare-
cido al zapato y pañuelo de llamas del de vistas, *jugón* con botonadura de plata y alhajas según las ocasiones.

Era traje no sólo para lutos sino para ir a rezar a Dios.

Trajes para bailar en domingo

Me hubiera apuntado a vivir en una pobre casa de las que hacen la plaza cuando bailaban manteos colorados, sayas chillonas, bombachos aterciopelados de cambiantes azules, en una danza ágil, suelta, con ojos de mujer a tres pasos, que despiertan más interés que a tres dedos, porque a tres dedos el vaho carnal lo nubla todo y la imaginación no tiene distancia para echarse a soñar.

Me hubiera apuntado a vivir junto a un manteo de zagalejo encarnado, casi pimentón naranja.

Zagalejo debe derivarse de zagala, y despierta añoranzas pastoriles, olor a romero y a corza blanca. Cuando las mozuelas visten este traje, en las fiestas del pueblo, y tejen las cintas del ramo o repican las castañuelas, están bonitas como un deseo, graciosas como un mimo tímido, irreales como mosaicos de Micenas.

Se adorna el traje con *caracoles* y sobrepuestos. Abunda el oro sobre el pañuelo de rebozo que enriquece el pecho: todos los hilos o collares de oro que la familia posee, hilos formados por cuentas de madroños o aceitunillas, hilos de los que cuelgan cruces, galápagos, onzas peluconas con la efigie de nuestro rey Carlos III.

El traje de zagalejo se abre graciosamente atrás.

Se viste para andar de alegría, como el serrano.

Dicen que el traje serrano es una degeneración de los trajes de manteo, pero no están mal las sayas redondas y anchas, que abren sus tablas de colores chillones, —rojos, verdes, amarillos—, rompiendo en pedazos al sol. Y le da vistosidad el mantón de Manila. Las mozas crecen y parecen mujeres más hechas, casadas de hace siete meses.

En la época actual, los trajes típicos se han dividido en La Alberca, a la muerte de los padres, como los huertos. Los manteos se han mezclado con los mantones de Manila, las alhajas se han quedado viudas de los jubones en que se apoyaban, y hasta el pendiente de la oreja izquierda se ha olvidado del de la derecha, por culpa de herencias caprichosas y desencariñadas. Y no es necesario hablar de los chamarileros, capaces hasta de dejar a los desposados sin el *anillo de horno y de panes* con que se unieron en la iglesia.

DE RE DOMESTICA

A cada ollaza, su coberteraza.
(Refrán popular castellano)

TRASTOS, CACHIVACHES

El albercano fue poniendo muebles en la casa a la buena de Dios. De sus viajes de arriería por Castilla, y por más allá de Castilla, iba trayendo pan para los hijos, paños para vestir a la esposa, muebles para adornar la casa.

El menaje importado se distingue en seguida de la tosca y graciosa artesanía de los carpinteros locales. Los muebles que trajeron las recuas pertenecen casi todos a época barroca y se lucen en las salas solemnes e íntimas de las casas, a donde van metiendo sus narices los perspicaces chamarileros.

En las salas se encuentran los arcones de nogal que guardan los *majos* entre orégano, tomillo y romero, bufetes, artísticos escritorios, cajoneras con herrajes lujosos, bargueños, sillas y escaños, cuyos respaldos presentan decorados con pequeñas columnas torneadas bajo una serie de arquillos de medio punto, con dibujos simples de incisión, con relieves sencillos sobre campo rehundido.

En las lúgubres alcobas hay altos catres heredados por generaciones sucesivas, camas con tres colchones a las que es difícil encaramarse sin ayuda de escaleras.

La humosa cocina encierra la universalidad de artefactos que los menesteres caseros exigen: el humilde tajo de tres pies, el escaño con arca, las trébedes, el *tallizo* de granito en que se apoya el extremo que no arde del leño, las cazoletas y *tizneras* en que estribar el asador y los pucheros de barro de Tamames, el *entremijo* del lino, en el que actualmente se hace el fregado y se maceran granos, elementales alacenas, cantareras de hornacina recortada, vasares de frente festoneado para colocar platos rojos, azules, verdes de Talavera, candiles de aceite y capuchinas doradas que alumbran débilmente los rincones. Sobre el centro del hogar caen las llares, de las que cuelgan entre llamas anchos calderos renegridos que engordan a los cerdos.

Por las paredes de la casa a donde parece que no llegará el humo, cuelgan retratos ahumados, cuadros de vírgenes y santos, paños bordados por la gracia de las mozas, y la espetera. La espetera es el orgullo de la casa. La espetera cuelga su brillo de cobre rojizo, de latón amarillento, de hierro bien fregado, en el muro encalado del *campo casa.* En la espetera se conjugan, en geometría ingenua, el colorido y la música metálica de braseros y almireces, de cazos y asadores, de jarros y picheles, de chocolateras y faroles, de espumaderas y azufradores, de candeleros y candiles, de velones de tres y cuatro puntas, de enseres hogareños que levantan cálido vaho en la memoria.

Las vigas de la casa, taladradas por clavos toscos de herrero de pueblo, son el mejor lugar para colgar múltiples utensilios de la vida agrícola, frutos que no acabó de madurar septiembre, palmeros y manzanas, banastas y uvas de cuelga, embudos de castrar e higos secos, hoces y panochas, arreos y atalajes de cabalgadura que va de romería.

Por los largos balcones, agarrándose al pasamanos de la barandilla de hierros redondos, se asoman a la calle tiestos de barro y corcho con los nombres de plantas más hermosos: geranios, hortensias, begonias, albahacas, claveleras, pluma de Santa Teresa... Y, a veces, cuando el sol dorado del otoño se adormila en las solanas calentando alubias blancas, el ama de la casa cuelga de las barandas largas *ristres* de fréjoles de manteca y mazorcas que alumbran la fachada como puntillas de enagua a moza quinceña.

COSTUMBRES I

LA VIDA

Honra merece,
el que a los suyos se parece.
(Refrán popular castellano)

… uena, en el aire dormido de … to todavía. Y se llenan de … s las ventanas.

… su temor al médico.

… s lugareñas en una influencia … es durante el período.

… ice mi señora que el agua fría …

El médico sonríe … n y comprensivo a la ingenuidad, quizá engañosa ingenuidad, de la mujer.

—Puede que quite el período a las mozas, aunque no a todas... Ve tranquila que dentro de unos meses tendrás un hijo.

La joven esposa marchó de la consulta con un contento esperado. Y sacó vientre a la calle, sin vergüenza.

El tiempo, lento pero seguro, hizo necesaria la presencia de la comadrona.

La comadrona se añudó en la cintura las cintas de la saya y del mandil, se añudó el negro pañuelo de cabeza, y presumió ante las vecinas mientras *pechaba* la puerta.

—Pues sí, le han *dao* duelos a la Juani de tía Calores.

La Juani de tía Calores había entrado en las contracciones dolorosas del parto.

La comadrona se puso ancha consumiendo el chocolate del primer hijo, que debe ser siempre el mejor chocolate, y repitiendo consejos que la gente sabe de memoria.

—Las costras de la cabeza del niño se las laváis con aceite, no con agua, que *aceite de oliva todo mal quita*. Que no se precipite la Juani en salir de casa; pero si sale antes de presentarse a misa, que no se le ocurra pisar en el solano de la iglesia, no vayan a cogerla las *malas*. Tenéis a mano los dijes. Vamos a colgárselos a la criatura.

Los dijes sujetos a la cintura del niño de pecho tienen valor religioso, protector: la trucha de plata apresura, con el aleteo de sus articulaciones, el momento de echar a hablar la criatura. El pequeño cuerno protege contra el mal de ojo. La reproducción de la castaña preserva del mal de oído. La media luna libra al niño de que lo coja la luna con sus infecciones, sarpullidos y demás molestias. La *pezuña de la Gran Bestia* le hace inmune al poder de las brujas.

La comadrona oculta bajo el mandil los obsequios de la casa y se despide aconsejando:

—Si le salen *moras* en los pechos, que no se *amesente,* que según el dicho decidero las moras son bocado de reina. *Pasáime recao.*

Uno ha tenido que acudir al médico del pueblo, al amigo Barcala Moro, que sabe bien de intimidades y decires albercanos, buscando explicación:

—Las *moras* son vesiculitas que pueden aparecer en los pechos durante la lactancia. La palabra tiene un gran valor descriptivo, como las grietas y *tiñuelas* con que se nombran los estadios sucesivos de la enfermedad. Como pronóstico médico-experimental el dicho decidero se completa así: *Las moras son bocado de reina; mordisco de lobo las tiñuelas.*

Cuando repica a bautizo la campanina, se hace en el aire como un contento que emborracha el orgullo generador de los abuelos.

Padrinos del primer hijo son, por rigurosa exigencia tradicional, los abuelos paternos del niño. Del hijo segundo, los maternos.

Las abuelas saben arrullar mejor que las madres. La tía Calores se adormila cantando a su nieto:

Arrierito chico,
la mula grande,
las cargas en el suelo,
no hay quien las cargue.
A mí me llaman Calores
y yo me arrizco de frío...

Se va la voz. Son cantares de tiempo de arriería. El niño crecerá y cargará la mula grande... Pero hay que cuidarle para que no se hernie.

Para curar al niño herniado hay que esperar la noche de San Juan. En la primera campanada de la noche campesina se desgaja un guindo, y por entre la horquilla rasgada del árbol una mujer llamada María pasará al niño de una parte a la otra donde se encuentra un hombre llamado Juan:

—Tómalo, Juan.

—Dácalo, María.

Con la venda del niño se ata el árbol. Si el guindo retoña en su rama desgarrada, es clara señal de curación del niño.

HEREDANDO SANGRE ANTIGUA

El niño creció y se va haciendo hombre. En sus ojos se reposa la vieja costumbre del vivir del pueblo, grabándose con fuegos de artificios la fiesta de agosto y las bodas, y con gemido lento de campanas, los entierros íntimos y la procesión diaria de la *moza de ánimas.*

Entre cohetes y campanas hace su vida La Alberca, emborrachada en un vaho de religión casi supersticiosa. Por La Alberca de 1963 encienden luces sesenta monjas, treinta y cuatro sacerdotes y cincuenta y un seminaristas, nacidos de su seno. Y todos sus otros hijos andan a vueltas con Dios, los santos y los muertos, de anochecer a anochecer, unas veces con cohetes y otras veces con campanas.

Las vidas, reiteradas, iguales, se unen a fechas y cosechas: a los riegos de verano que precisan veedores para que las mujeres no se arranquen los pendientes; al otoño que trae manzanas y peras, alubias y patatas, castañas y nueces; al invierno ensangrentado por las matanzas.

El pueblo, más que nada, es agrícola. La propiedad está partida, repartida en multitud de minifundios comidos por linderos o débiles paredes.

Calificando las fuerzas económicas, la observación local habla de pobres, medianos y ricos, que hacen tres clases separadas rigurosamente, sobre todo al pensar la boda de los hijos.

Los más acaudalados tienen dos casas para alquilar, castañas para cebar diez cerdos, cabras y ovejas de las que sacar queso para invitar a los amigos. Los más acaudalados puede que posean viñedos en el Soto, olivares en Las Hurdes, surcos de pan llevar en el campo salmantino.

Los labradores medianos luchan de sol a sol. Los agricultores medianos hacen el pueblo y se ayudan con sentido social arrastrado del Medievo. Realizan los trabajos del campo por sistema de tornapeón, que consiste en préstamos recíprocos de ganado de labor, y de personas, por períodos iguales.

El labrador pobre, o el mediano al que no le alcanza la hacienda, hace de mediero con el rico. El mediero aporta su trabajo en la siembra y cuidado de las plantas y el vicio o estiércol; el propietario, la tierra y las semillas; y uno y otro, un peón para recoger los frutos que reparten en igualdad.

Medio centenar de familias viven en auténtica pobreza, dejando su trabajo por los campos del agricultor acomodado, sacando carbón a las raíces de la sierra, esperando que el Ayuntamiento les provea de una *casa de por Dios*.

Pero si el regazo ha sido pobre, cumple haber tenido buen rebujo en honrado regazo. Regazo honrado ha tenido La Alberca, pobre como hacienda castigada que aún conserva enhiestos los árboles heridos que llenaban el *sequero* y los arcones. Casa, vestido, comida en pobreza concentrada y desdeñosa.

El hijo hereda los apodos del padre, como heredó el padre del abuelo. La Alberca es lugar de apodos elementales, graciosos, bienoidos y bienhablados aunque no siempre: Zambo, Pelao, Patahilo, Barbarrala, Cepeano, Bargueño, Niñete, Niñorro, Juan y medio, Punto la i, Rompetechos, Veinte en oros, Tiravi, Truchero, Barulla, Vaina, Natillas, Sabidole, Bolero, Vinagre, Canicú, Juanini, Diezmilrrala, Bobilla, Mimosa, Cantora, Guapetona, Nuestra señora... La Alberca es pueblo de apodos sicológicos, de ánimas suspirantes, de brujas en decadencia, de hermosas tradiciones.

Contagiado de la humedad melancólica del pueblo, el hijo crece, acostumbra su vida al silencio de la semana y a la música elemental de la misa y del baile dominguero, al campo diario y a la taberna dominical.

El muchacho acostumbra su cuerpo enjuto de serrano al largo invierno, del que sale arrecido, a pesar de la sobriedad y del vino. Al sol de mayo se sienta en la plaza el muchacho albercano, con los padres, con los abuelos inmóviles como muertos sentados: distrae el tiempo, que le sobra, en tanto que la edad le va subiendo alguna vecina pizpireta al corazón, y acumula pereza en la sangre que viene, de romanos amigos de la plaza y de moros, perezosa.

Algunos mozos se espabilan y huyen de la muerte progresiva del pueblo hacia el Norte de España, hacia Francia, hacia la aventura de América. La Alberca no ha crecido en este siglo. Pero cuando agosto trae la fiesta de la Patrona, todo el que puede, y todos hacen por poder, vuelve al Ofertorio, a La Loa, al toro, a la comida familiar en la sala grande de la casa. Y La Alberca despierta de su modorra diaria y se pone gozosa como abuela rodeada de innumerables nietos.

EL AMOR

Para el mozo, moza hermosa.
Para la moza, mozo gracioso.
(Refrán popular castellano)

NOVIAZGO EN LA ESCALERA

De los principios del noviazgo no se sabe apenas ni el cómo, ni el por qué, ni casi el cuándo. Anda el primer amor siempre a hurtadillas, en un embobamiento delicioso. La juventud se echa al amor confiada en que todo el campo sea orégano. Afortunadamente.

Hasta hace pocos años, las mozas lucían en la plaza su buena planta casadera, bailando al son del tamboril y de la gaita campesina. Se ayudaban los mozos con el vino grueso de las tabernas. Ayudaban también las familias, patriarcalmente previsoras de los intereses de los hijos. Ahora, seguramente ayuda el cine, la televisión y otras historias que van de moda.

Tiemblan pelillos del bozo al adolescente que empieza a hacer la rosca a las muchachas. Se enteran las vecinas, quizá porque en La Alberca los secretos más íntimos se dicen con igual confianza de oreja a oreja que de balcón a ventana. Lo que no deja de ser, en cierto aspecto, una gran suerte.

Cada día, cuando cae la tarde, las mozas casaderas se visten de buen ver y llegan a la fuente, como quien va a por agua, con sus cántaros rojos. A los muchachos que vagabundean por las esquinas o sostienen con desgana las columnas de la plaza, les enciende la sangre, adormilada por el trabajo de cada día, y se atreven a acompañar a las jóvenes hasta el umbral de sus casas. Y en el umbral umbroso, mudo y acogedor, va la conversación arrimándose, aterciopelándose, alargándose, entrecortándose... hasta que la voz de llamada de las madres de prudentes costumbres baja desde la cocina, por el hueco de la escalera, a asustar los corazones y romper el idilio. La moza subirá presta con cualquier disculpa, y el mozo volverá a la plaza, entre contento y fastidiado, a mojar en vino el gaznate, que bien se lo merece.

*   *   *

Bajo el soportal cálido de la plaza hay un viejo al que van cayéndosele los párpados:

—Yo me declaré como Dios manda y como manda el Protocolo.

Hay un protocolo del amor que los antiguos proclamaron en sus ordenanzas del siglo XV a campana tañida y bajo los pórticos de la iglesia.

—¿Se puede saber lo que le dijo a la chavala?

—Sí, señor, que se puede saber. Y lo que hacía falta es que los mozos no lo estuvierais olvidando *pa* venir con otros remilgos.

Al buen viejo se le espabilan los ojillos por los que doblarán pronto las campanas.

—Bueno, abuelo; no se me vaya a enfadar ahora... ¿Qué le dijo?

El abuelo se rasca la cabeza, despega la colilla de la comisura de los labios, aprieta las nerviaciones de las manos al cayado de castaño y se arranca:

—Bueno, chacha, si no tienes compromiso y quieres hacerlo conmigo...

El abuelo, inclinado hacia adelante, queda como una estatua pensativa, con los ojos en el encanto de hace cincuenta años o, más bien, de hace quinientos años, cuando todas las muchachas tenían ingenuo corazón de Blancanieves bajo la coqueta blusa de percal.

Si la moza hizo remilgos, y es seguro que algunos hiciera, no fue difícil vencerla poniéndole a los ojos los olivares de Las Hurdes, el viñedo del Soto, las tierras de pan llevar de La Armuña, que se heredarán de los padres:

—Con lo tuyo y lo mío habría bastante para lo que fuera menester.

Por los pueblos sobra el tiempo. El amor avanza despacio como carreta cargada con los mejores frutos. Hay que matar muchas horas, traer del arroyo muchos cestos de ropa lavada por la novia, esperar junto a la fuente muchas tardes, repetir muchas ternuras en el arranque de la escalera.

—Declararse se declaraba uno bien pronto. Pero hasta sentarse en el escaño de la cocina habían de pasar dos años por lo menos.

En el escaño ahumado de la cocina, en el escaño del lugar sagrado, hay un asiento para los novios de las hijas...

Del noviazgo se entera todo el pueblo, lo han comentado, en la costura de las tardes, las abuelas. El mozo ha de formalizarlo ante los padres de la novia aunque se encoja la barriga subiendo la escalera. Y se gana el asiento en el escaño de la casa.

CALENDARIO DE REGALOS

—Oiga, abuelo, ¿le hizo usted todos los regalos que manda el Protocolo?

—¡Claro que se los hice!

—¿Y quién enseñaba las fechas?

—Las cosas se saben porque se saben o se olvidan porque se quieren olvidar. Vosotros estáis echando todo a perder.

Ha subido el tiempo a la parra a los abuelos. Hay que decirles que sí, que tienen mucha razón. Y la verdad es que, por esta vez, estamos convencidos de que su amor vestía de mayor encanto y aventura. Se exigía a los novios esplendidez y memoria caballeresca. Hay un calendario de obsequios amorosos que, hasta hace pocos años, no lo saltaba el más *pintao.*

Desempolvamos el calendario porque tiene su gracia y su finura:

Cuando el tiempo trae el Carnaval, el mozo obsequia a su novia con un cabrito, quizá por el claro sabor a carne que el mismo nombre significa, o con una pierna de macho cabrío.

Luego llega la Cuaresma en que las muchachas se recogen como presintiendo próxima la primavera. Y en la explosión del Lunes de Pascua, la novia espera en su casa al galán, que subirá a *encetar* el hornazo familiar tajándolo con una navaja sin estrenar, que debe olvidar clavada sobre el pan que tiñó el azafrán de amarillo.

El Lunes de Pascua tiene otro nombre más local, *El dialpendón,* por no sé qué lejanas zaragatas que las mujeres albercanas tuvieron con los portugueses, y que, más adelante, explicaremos.

De los tiempos en que pintaron oros para La Alberca, arrancó la costumbre de que el novio obsequiara con El Pendón a su prometida, a cambio del bocado de hornazo nutritivo. Como Pendón, se regalaba una onza de oro pelucona. Ahora que pintan bastos, sólo quedan onzas de oro en el baúl de algún riquillo o colgando del hilo o collar que se luce en días de gran fiesta. La moza corresponde con unos historiados y vistosos calcetines, que han trabado lentamente y, sin duda alguna, mimosamente, los dedos de la joven.

Tenía más estrellas, más hogueras la Noche de San Juan de hace unos pocos años, cuando los mozos exponían la columna vertebral encaramándose en los balcones de la novia para dejarle, mientras ella soñaba, más en vela que dormida, entre las sábanas de lino, un ramo de romero adornado con un bollo maimón, unas tijeras colgando de cadena de plata, un hilo de oro y un pañuelo de seda. Es seguro que en el obsequio había símbolos largamente meditados.

En la entrevista de la tarde del día de San Juan, la novia devolvía la mitad del bollo blandamente crecido y una sonrisa de entrega. Y vaya usted a saber si no quedaba algún beso enredado azoradamente entre las primeras lumbres del verano.

De San Juan a la Virgen de la Asunción corren 52 días de verano, que es cuando el amor se hace más aprisa. Las Fiestas Patronales repiten cada año, en la mañana del 16 de agosto, un auto religioso mariano, La Loa, en el Solano Bajero de la iglesia. Los novios buscan el mejor lugar para colocar ante el escenario de la farsa el largo banco de madera fregada, en el que se sentará la novia y sus familiares.

Velaba el mozo el lugar, como buen Quijote, para evitar las malas intenciones en algún otro novio retrasado. Durante la farsa, bajo el sol agosteño que enardece a los actores y pone en difícil alboroto la sangre juvenil, pasa la gracia de la novia, el *palmero* colmado de dulces, el barrilillo de agua fresca o la leche helada que va poniendo en orden la carne y el espíritu.

Sin duda alguna, para que la novia entre con sobradas calorías en el largo invierno albercano, el galán la agasaja, en el día de Todos los Santos, con una *maza de macho,* para que sea asada y consumida en el *magosto.*

Y para cerrar el año, nada mejor que el obsequio dulce de la Nochebuena: mazapanes y turrones, una bacalada grande y un queso, grande también, de oveja, que la madre del mozo enamorado llevará a la casa de la novia, hurtándolo a la curiosidad de las vecinas con la gracia del mandil.

La novia corresponde con un pequeño obsequio para cada uno de los familiares del novio y con otros vistosos e historiados calcetines para su galán, quien ha roto, seguramente, con tantas idas y venidas al amor del atardecer, los de Pascua.

La boda no debe quedar lejos. El novio se ha portado como buen caballero. La novia como casta moza: según la inquisidora mirada de las viejas, no ha pasado una vez ante la casa del galán, ni ha asistido a reuniones, fiestas o velatorios de los familiares del novio.

LOS PREGONES

A mi amigo, el abuelo, le chupan las moscas de la plaza el muslo del calzón.

—La petición de mano debe hacerse con decencia.

—Sí, señor.

—*Entavía* guardo yo en el arca de nogal el calzón nuevo y la faja *encarná* de cuando mi padre fue a pedir a la mi Eusebia, que en gloria esté. Sabía repicar bien mi padre los botones de plata del chaleco y de la pierna.

—Seguro que sí.

—También guardo el pañuelo de cuerpo que le regalaron a ella para el casorio y el hilo de oro.

—¿Y usted no recibió nada?

—Yo llegué después que los padres, como ordena el Protocolo, y ella me dio un *remudo* y una blusa *bordá* como no la bordarán otras manos.

—Seguro.

En la humosa cocina de los padres de la novia, al calor de la lumbre y del vinillo del Soto, se van jugando fechas.

Se hará la boda en el otoño, cuando la recogida de los frutos del campo, para que al nuevo hogar no le falte despensa.

Es el último año de noviazgo. La moza debe acudir a la matanza a la casa de los padres del novio y mostrar sus buenas disposiciones recogiendo la sangre del cerdo en el caldero de cobre, realizando la fritura y probadura de la morcilla, rellenando el bandujo.

El bandujo es una cavidad ancha de cerdo que anatómicamente se llama estómago. El bandujo se dilata y, a poco más, se puede meter dentro todo el animal.

Hay que pasar noticia de la boda a los invitados con un mes por delante. Los *majos* que se lucirán en el casorio exigen tiempo de preparación.

En la noche anterior a la misa en que el cura diga ante el pueblo las amonestaciones, es preciso que se entrevisten los padres de los novios. Hay que fijar el gasto del casorio y las aportaciones con que ayudar a los esposos. Se dará casa al novio, huerto fértil a la novia.

Cuando el sacerdote inquiere desde el altar, por primera vez, impedimentos al matrimonio próximo, pasa de lado a lado de la iglesia, como ola suave, un ligero rumor de comentarios. Pero ningún familiar de los novios, que pudiera naufragar en las miradas de la gente, asiste a la misa del primer pregón.

Al anochecer, los familiares de la novia cenarán, en la sala grande de la casa del novio, con el mejor apetito, porque toda la tarde han estado alegrando con vino a los que trajeron enhorabuena, envolviéndoles en un pañuelo limpio, que cada cual tiene preparado, los dulces de llevar: una *floreta* ancha como madre abadesa y un sabroso *turrulete*.

Y, como en el pueblo la vida se encadena, todos los convidados de esta tarde de primeras alegrías, quedan en obligación de asistir al acto de la espiga, que llegará más tarde.

FAROL Y ALBORADA

La suave, la pringosa aceite de la oliva ha sido siempre buen remedio. Hoy, cuando la luz eléctrica ilumina y, alguna vez, tirita en las callejas, el farol con luz de aceitunas hispanas ya no es necesario. Pero lo fue por muchas noches. Y ha pasado, de necesidad, a símbolo o costumbre.

El farol alumbrado está en la mano de la hermana mayor soltera del novio. Faltan tres noches para la boda. La novia, acompañada por la hermana del novio que lleva bien lucido el farol, recorre calles y casas invitando a sus amigos.

Aquéllos que sólo deben ir a acompañar al casorio son avisados sencillamente, con un fuerte golpe en la sufrida puerta de la casa y una voz. Las innumerables escaleras quebrantarían a la novia, que debe estar lozana para dentro de dos días.

Pero aquéllos que, además de acompañar, deben ir al chocolate, han de ser rogados en la cocina de sus casas por la novia y su acompañante del farol. A la joven del farol, hace la novia un lindo obsequio para descansarla.

Pasan aprisa los dos días que anteceden a la boda. Hay que hacer tantas cosas, que por una vez en la vida de La Alberca el tiempo corre. Quizá por el mucho quehacer, o porque los vecinos son algo también de la familia, los que habitan en edificios inmediatos a la casa de la boda, que es la casa de los padres del novio, salen de ella, en el anochecer que precede al día del casorio, portando sagradamente la cena para los padres de la novia. La cena es austera: un conejo y un gran jarro de vino. Con el paso de los vecinos suena el tamboril y los primeros cohetes de la fiesta. El vino es cambiado por otro vino de propia cosecha, y devuelto, en el mismo jarro, por los mismos portadores, a los padres del novio. Un cambio de vino es siempre algo trascendente.

No olvida la novia de obsequiar a la guisandera con un convite de *floreta* y *turrulete,* sabedora de que el buen sabor de boda lo va a dar el estómago. Para tranquilizarla, la cocinera hace que pruebe las albondiguillas, los peces y el arroz dulce, que serán consumidos, al día siguiente, en el banquete.

Entre tanto, la gente joven ha rodeado a alguna vieja, lejanamente emparentada con el buen Arcipreste. Y nace la alborada con aguda intención y sal frecuentemente gorda. Mozos y mozas cantores se detienen bajo la ventana de la novia, frente a los balcones del novio, junto al portón de los padrinos, en las cruces de las calles para enterar a los vecinos:

> *Los cerrojos son de oro,*
> *las puertas son de cristal,*
> *la moza que vive dentro*
> *mañana se va a casar.*

Coge la mantilla, novia,
y métete pa la sala,
y ponte a considerar
lo que vas a hacer mañana.

Por encima del tejado
pasa una campana al vuelo,
pa despertar a la novia
si tiene pesado el sueño.

La novia no tiene padre
que le eche la bendición,
que se la eche el Rey del Cielo
que es el que se la echa a tóos.

El padrino es un piñón,
la madrina una almendra,
y el novio cadena de oro
que lleva a la novia presa.

La alborada es bonita. El cansado reloj de la torre señala la media noche. Se estrellan contra el cielo muchos cohetes. Con el repique de los almireces se presienten mil enanitos de zuecos campanilleros dando brincos diminutos en el empedrado de las callejas. Queda el pueblo en duerme-vela de recuerdos acariciados y de ensueños. Hasta las oscuras maderas de corazón de castaño se estremecen. Canta la juventud. Ha comenzado el día de la boda.

LA BENDICION DEL PADRE

Todo el pueblo se echa a la calle a ver el casorio. Es casi una obligación asistir y curiosear. Está sonando el tamboril.

Parece que fuera a desinflarse, con tanto soplar la gaita, el tamborilero. El tamborilero sabe al dedillo todas las ceremonias, va y viene a la cabeza de todos los cortejos.

Mi amigo, el abuelo, está en la cruz de cuatro calles, sosteniendo el viejo cuerpo con las piernas abiertas y una cayada poderosa.

—¡Hola, abuelo!

—Ven con Dios.

El abuelo fija en la primera procesión de hombres en hilera su mirada de esfinge inquisitiva:

—Bien. Van bien.

El abuelo quiere decir que van en orden, cada uno en el puesto que le corresponde. Guardar su lugar de orden en las bodas o entierros es un mandamiento albercano de más rigor que los preceptos de la Santa Iglesia, una exigencia que se cumple con atención casi pueril.

A la cabeza de la hilera va el tamborilero y el *Mozo del Pollo* enarbolando un arbolillo florido. Les siguen, uno tras de otro, el padre del novio, sus tíos, sus hermanos, sus familiares por riguroso orden de sangre y edad, sus invitados, envueltos todos en anchas capas negras.

—¿A dónde van, abuelo?

—A casa del padrino.

—¿Quién es el padrino?

—Los padrinos son siempre los padres de la novia. Si viven, hijo.

Me mira de través. El abuelo, viudo, anda de ensueño y despedida.

Riza la gaita el aire como un canario que, a veces, se atraganta. Han recogido al padrino y a los invitados de la novia. Y la segunda procesión regresa (delante la hilera de varones, detrás la hilera de mujeres), a reunirse con el novio (que está ya bendecido, como Jacob, por su padre), con sus hermanas, con sus invitadas. Se rompen cohetes en el cielo.

Y es la tercera procesión la que anda la calle, de nuevo a la casa de la novia. La comitiva se detiene. La madre del novio y el novio se destacan, suben la escalera, y la nueva madre, con voz de matrona romana, interroga a la novia:

—¿Estás ya *aviá?*

Estaba preparada. Baja el novio la escalera. Baja la novia. Bajan las madres. Bajan las hermanas de la novia. Baja un revuelo de sayas coloradas barriendo la limpieza del fregado castaño de la escalera.

Pero antes de abandonar el hogar paterno, en el umbral mismo de la casa, hinca la novia sus rodillas. Calla el tamborilero. Guarda silencio todo el mundo. Quedan solas en el aire la voz temblorosa del padre de la novia y una cruz:

—*Que Dios te haga bien casada. Y yo ahora, para siempre, te bendigo. En el nombre del Padre. En el del Hijo. En el del Espíritu Santo. Amén.*

El abuelo está rígido como muerto. El abuelo, en su soledad viril, ve claramente con ojos que hospedan mal la vista. Me alejo de su lado, por si quiere llorar.

*   *   *

LA BENDICION DE DIOS

Repican las campanas. Brincan cohetes en el aire. Se alegra la gaita. Golpea la porra en la tensa barrigota del tamboril.

La procesión más llena de color y de invitados, la procesión definitiva avanza hacia la iglesia.

Los curiosos hacen grupos en las calles, en el solano de la iglesia. Las viejas guardan silencio reverentes, a vueltas con recuerdos, sintiendo acaso la sangre que ya no sirve para nada. Las mujeres maduras, las que todavía tienen edad de presumir, las que, de seguro, llevan un hijo en las entrañas, se dan de codos y murmuran comparando con sus bodas.

Cuando casaron ellas, cuando casó Feliciano de Silva, el famoso caballero de espuelas doradas que escribía Amadises, con la hermosísima señora Gracia Fe, rica hembra albercana cantada por el Romancero, sería una tentación de belleza desposarse en La Alberca.

Las muchachas en edad de merecer están enlazadas por los brazos, se apretujan más animosas que nunca, presintiendo. Uno se va para las mozas, para dos morenas y una rubia que han elegido buen lugar en el solano bajero.

—Ya vienen.

Aparece el tamborilero y el *mozo del pollo.* Aparece la hilera lenta de los hombres con el novio a la cabeza.

—Está guapo el *mozo del pollo.*

—¿Por qué le llamáis *mozo del pollo?*

—¡No ves el gallo que trae colgando del ramo de roble?

—Y ¿va a entrar en la iglesia con el gallo?

—¡Claro!

—Puede armar un alboroto...

—¡To! ¿Y eso qué tiene que ver?

—No, no... Nada.

Aparece la novia, llevada de la mano por la *niña de la vela* que camina a su derecha. Aparece la hilera de mujeres. La novia camina cabizbaja, encogida ante los ojos de la gente.

—Va mirando para el suelo.

—¿*Pa* dónde quieres que mire?...

Las dos chicas morenas son judías o árabes. La rubia puede ser germana. La morena más bajita es locuaz. Habla a saltos urgentes como perdiz que huye.

—El traje de la novia parece muy antiguo.

—Es el *traje de vistas*. No hay otro en España.

—Le va a estrangular la cintura con el peso.

—Lleva *mollique* debajo.

La morena bajita las sabe todas. Por la edad va a quedarse para vestir santos.

—¿Y todas las novias usan *traje de vistas?*

—No, porque quedan poquitos. Pero si yo... Bueno, ¡yo no pienso casarme!

A la morena bajita se le ha escapado la voz triste, como si hubiera echado cuentas con sus años. Uno se siente con ganas de animarla.

—Cuando te cases, llevarás el *traje de vistas,* y te sacaré muchas fotos.

A pesar de todo, la morena bajita, mimosa y linda, se ha quedado en silencio.

La hilera de hombres ha subido al atrio de la iglesia por una escalera lateral. La hilera de mujeres lo hace por la escalera central.

—Pues yo pienso casarme de blanco.

La chica rubia, de un rubio de flor de castaño, que ha tenido que andar por esos mundos sirviendo a señoritos, prefiere el traje blanco.

Ante el cura, el sacristán y los monagos, se han colocado en rueda ambas comitivas. El *mozo del pollo,* con su ramo enhiesto, se coloca a la izquierda del sacerdote:

—*Esposa te doy y no sierva...*

La otra chica morena, la morena alta, joven y lejana, debería cubrirse los ojos con el velo para que no se nos colgase la mirada como de luz de semáforo. La morena alta entra a oír la misa de esponsales.

Durante la misa, los familiares de los novios velan a sus muertos tras hachones grandes y amarillos.

LA CHARLA SECRETA

Cuando, según las leyes de Dios y de los hombres, novio y novia quedaron bien casados, las campanas, los cohetes, la gaita y el tamboril se echaron a alegría. Y se organizó una nueva procesión contenta de hombres y mujeres.

—¿A dónde van ahora?

—Le va a decir la suegra cuatro verdades a la novia.

A los hombres maduros de esta tierra les baila, a veces, un aire socarrón, aire de flor de menta y de terrones de huerto.

—Cosas de mujeres, de hijos, de gobierno de la casa y mandangas de esas.

—No te metas en cosas de mujeres que no sacarás *pa* liar un cigarrillo.

La comitiva de invitados, con el riguroso orden de costumbre, acompaña a la novia y a la madre del novio a la casa de éste, donde deben quedar a solas ambas. Desde el umbral, la novia, haciendo una grave reverencia, agradece la compañía.

En la sala alta de la casa de la boda, suegra y nuera consumen el humeante *sonocusco*. Y, entre bocado y bocado, la suegra va dejando, en el oído de la esposa, consejos, advertencias o vaya usted a saber qué. Solas están las dos, en coloquio de misterio, con las paredes por testigo. Al hombre le está prohibido, desde luego, rigurosamente, adentrarse en estos berenjenales.

Entre tanto, la comitiva de invitados ha marchado a la casa de los padrinos, con el tamborilero y la madrina a la cabeza. Los invitados de boda suben a la casa, donde encuentran preparadas mesas con chocolate, obleas y bizcochos. Los que fueron invitados a acompañar solamente, esperan en la calle a que los hermanos casados del novio les obsequien con bizcochos y jarras de vino espeso. Buen día para coger una mona.

Quizá los mozos de boda se sienten ya más animados con el vino. Han hurtado la mirada de los viejos y, rompiendo la tranca del nuevo hogar, han trastocado la casa, y cuelgan de balcones y ventanas, según costumbre de intencionada ostentación, el ajuar de los esposos.

*   *   *

EL BANQUETE

De seguro que la novia se cansa de los consejos de la suegra. De seguro que el novio se ha cansado de la ausencia de la esposa; y va a por ella, solo, buscando un rato de romanticismo.

De seguro que se está bien, ahora, que hay una breve calma, descansando en cualquier taberna fresca, que huele agriamente a vino viejo y a pellejos con pez.

—¿No estás de boda?

—Me contento con mirar.

En la taberna siempre hay alguien que invita, siempre llega alguno de la boda ofreciendo tabaco a todo el mundo.

—Pues ya tienen que estar al pasar para buscar a la *Moza de la Pica.*

—¿A quién?

—A la *Moza de la Pica,* la hermana soltera que sigue en edad a la novia.

—¿Y si no tiene hermanas más pequeñas?

—Pues la parienta soltera más cercana.

—¿Y si no...?

—Alto, amigo, que no me coge el toro. Tiene que haber *Moza de la Pica* que presida el banquete, o no hay banquete.

—Bien, bien. Por mí, que haya.

—Otro vaso.

Suena el cohete de aviso. Cesa el tan tan del tamboril. Los

invitados han llegado a la casa de la boda. Asoma, por una ventana, el ramo del *Mozo del Pollo,* ya sin pollo, que le fue regalado al señor Cura al finalizar la misa de esponsales. Se echan las trancas, se corren los cerrojos. La puerta de la calle ha quedado pechada.

—Se van a poner buena la tripa.

—El único que no engorda hoy es el *mozo del pollo* que tiene que servir todas las mesas.

—Mala suerte, hijo. ¿Y qué comen?

—Pues... *paice* costumbre el que no falten los peces, las albóndigas, el arroz dulce y el queso de oveja. Pero, entre medias, se meten *pa* el cuerpo paella, cochifrito, cabrito asado y lo que caiga bien.

—Caerá bien con el vino. Otro vaso.

—Bueno, el queso no se lo comen.

—¿Que no lo comen?

—Lo guardan en la *fratriquera* para darlo a probar a los familiares. ¿Otro vasito? Es un acto de delicadeza.

—Le va a salir caro a los novios.

—Una vez es una vez. Luego, echan al plato todos los asistentes, menos las mujeres que tengan allí sus maridos.

Con el vino del tabernero y el silencio del pueblo, que anda en entendimiento con su estómago, uno se echa a pensar en las bodas de Camacho y a hacer sutiles semejanzas.

—Oye, tabernero. Con tantas idas y venidas por las mesas, el *mozo del pollo* acabará enamorando a todas las chicas solteras.

—Allá ellos. Otro vaso.

—El último. Estoy *morrando.*

Suenan dos cohetes en el aire.

—¿A qué viene eso ahora?

—Es la señal de que se acabó la comida. Hala, bebe. En serio que es el último.

—Que aproveche.

Se descorren los cerrojos.

LAS CUARTILLAS

A los recién casados hay que ayudarlos, como con leche a los recién nacidos.

Se arrima uno al tamboril y a la gaita, que es arrimarse un poco a la fiesta de la boda.

—Deja de soplar, tamborilero. ¿Qué va ahora?

—*Las cuartillas.*

El acto de *las cuartillas* consiste en una ofrenda que se lleva a los novios en cuartillas, ese recipiente de madera con el que los castellanos viejos medían sus áridos y es cuarta parte de fanega.

Tiene la tarde sol aún. El pueblo está en la calle. Unos vienen de curiosos; otros van a ofrecer. Se encuentran las chicas amigas de la mañana, la morena bajita y mimosa, y la rubia, con un peinado alto que está de moda entre las chicas de servir de Salamanca.

—Hola.

—Hola.

—¿Y la otra amiguita?

—Está vistiéndose el traje serrano para venir a ofrecer *las cuartillas.*

—¿Es familia de los novios?

—No, pero tiene obligación.

—¿Obligación? No entiendo...

La morena bajita está dispuesta a aclararnos las cosas y a demostrarnos dulcemente, encantadoramente, que uno no sabe nada de nada.

—Verás. Hay que ayudar a vivir a los novios. Si tú quieres, les ofreces una cuartilla de granos, o de patatas, o de lo que quieras. Y cuando te cases, ellos están obligados a devolverte otra cuartilla igual.

—Pues no está mal eso...

—Así ahora, si las familias de los novios han llevado a otras bodas cincuenta o sesenta cuartillas, otras tantas cuartillas les traerán esta tarde las mozas solteras a la casa de la boda.

—Ya, ya. Está muy bien esta costumbre.

La ofrenda de *las cuartillas* es un préstamo sin interés, una deuda rodada que pudo arrancar de tiempo en que familias judías se asentaran en el pueblo, y que mantiene su pujanza más seguramente por su base económica que por sus alrededores de belleza.

—Ya verás cuando ofrezcan las últimas cuartillas, que son las más bonitas.

En el fondo de la calle van apareciendo las mozas solteras, hermosas de color con los trajes típicos, llevando a la cabeza las cuartillas llenas de frutos del campo, a los que cubre, como regalo complementario, alguna prenda de vestir. Las hijas de las diversas casas avanzan erguidas, lozanas, seguidas de sus madres. Los mozos que andan al amor preparan los cohetes con que foguear, en agresión amorosa y casi brutal, a las muchachas. Se vuelve loca la gaita del tamborilero.

—Las tres últimas cuartillas son de las madres de los novios y de la *Moza de la Pica.* Las madres llevan acompañamiento de mozas para que luzca más. La *Moza de la Pica* sólo lleva la *Pica* en su cuartilla.

—¿Y qué es la *Pica?*

—Un ramo pulido que, luego, ponen en el balcón junto al del *Mozo del Pollo.*

—¡Vaya!... Yo creo que el *Mozo del Pollo* y la *Moza de la Pica* acabarán haciéndose el amor...

—Alguna vez... Ya verás como foguean a la *Moza de la Pica.*

Ha aparecido enhiesta, seria, despreciativa la morena alta, la amiga de mis amigas, con su cuartilla a la cabeza. Los mozos la foguean estallando cohetes delante, detrás, junto a los pies de la morena alta, para mostrarle la fuerza de su pasión.

—Son el Juanito y sus amigos. El Juanito está *chalao,* pero ella no le da cara.

La morena alta, vertical, inmutable, aguanta el fuego como una muñeca muerta.

—Si llevaras cuartilla, te echarían a los pies más cohetes que a tu amiga.

—No; ya se me pasó el tiempo. Me fogueaba el Luis...

Junto a la amiga rubia se ha colocado un mozo que le dice, bajito y con temor, cosas que a veces descubre el aire:

—Tengo tres fincas en el Soto... ¿A qué hora vas al arroyo?... Pues si sigues en Salamanca, puedo ir y cogerme un empleo.

—El Luis se fue a Francia con Tino y con Ramón. Y no ha vuelto.

—Algún otro habrá aquí...

Por los cohetes que suenan, puede que lleguen las mozas con las cuartillas de la madrina.

La morena bajita queda en silencio, en un silencio resignado. Me alejo de su lado porque hay un mozo tras de ella que a lo mejor está esperando ocasión para decirle algo.

Aunque... no.

La chica rubia sonríe al mozo que la corteja.

Los mozos de la boda foguean a porfía a la *Moza de la Pica.*

La morena bajita quedó sola, naufragando entre el olor a pólvora, entre el recuerdo de otras tardes en que, a ella también, la foguearon.

La *Moza de la Pica* aguanta bien el fuego.

La morena bajita se va sola, calle abajo, con la tranquila desesperación de quien ha perdido, lentamente, la primavera.

BAILE Y AQUELARRE

Mientras el tamborilero señala la hora de bailar en la plaza, los mozos de la boda se han echado a la espalda las talegas de lino, llenas con las ofrendas, y las llevan al nuevo hogar de los nuevos esposos.

Adelante va la *Moza de la Pica,* con la llave de la casa. Siguen, en hilera, según el orden en que fueron, en la mañana, hacia la iglesia, hombres y mujeres. Las tías carnales de los novios llevan, bajo el brazo, las telas con que estuvieron cubiertas las cuartillas ofrecidas.

Abre la *Moza de la Pica* el nuevo hogar. Sube la novia la escalera. Sube el novio. Y, por vez primera, hacen los honores de la casa a los invitados y a las mozas bullangueras que portaron, sobre sus cabezas un tanto atolondradas, las cuartillas.

* * *

La plaza se anima. La plaza es de todos. En los pechos de las jóvenes y de las viejas, brillan hilos de oro que guarda el fondo de los arcones durante trescientos sesenta días del año, junto a los trajes típicos. Al abrirse los pliegues dormidos de estos trajes añejos, mil pinceladas impresionistas se siembran por la plaza, que va lentamente a la oscuridad.

Abre el baile la novia y la *Moza de la Pica.* Se mueve la novia con ritmos lentos, religiosos, como cumpliendo un extraño rito sentido en sus entrañas.

Brincarán las mozuelas dándole aire a los pliegues, olientes a romero, de las sayas; saltarán los mozos; se les reirá de alegría el alma a los niños, y correrán con gozo los recuerdos por la sangre de los viejos, pero la danza ondulada de la novia sigue su pausado ritmo matriarcal y litúrgico.

La novia baila con todos los invitados, con todos los transeuntes, en una despedida familiar, definitiva, mientras el novio, paciente y con mucha caridad, obsequia a cada bailarín con la jarra de vino. Hasta que llega el anochecer y se va a dormir el pueblo.

* * *

Pero en la casa de la boda no se duerme. Se han apurado los últimos manjares de la cena, el vino de la mesa, que no ha de ser el último. Los humos del tabaco van dejando ambiente propicio para el aquelarre.

Comienza a desgañitarse la dulzaina y nace el baile en todos los rincones de la casa. Saca la novia fuerzas de flaqueza, apura las últimas energías, baila con todos los hombres, que la obsequian, al finalizar la pieza que les corresponde, con un pequeño regalo: *la espiga*. Baila el novio con las mozas, que lo ponen colorado y lo obsequian también.

Las horas de la madrugada están cargadas de vino, de tabaco, de tamboril adormilado, de carne humana deshidratada y jadeante. La novia ha desaparecido gracias a la cuquería de alguna vieja de cariñosa voluntad.

El alba empieza a ahuyentar sombras de la casa de la boda, a barrer telarañas de ojos que no ven claro. El novio queda solo, derrotado en el desastre de cosas que los mil demonios de los mozos de boda han puesto de cabeza.

COSTUMBRES III

LA MUERTE

La vida es a la muerte como el nacer.

EL ENTIERRO DEL ABUELO

El viejo abuelo de calzón negro y calcetas y camisa blanca. El viejo amigo, que no quería que le hicieran fotos.

—Lo llevamos a usted a Madrid, ¡hombre!

—Yo ya he ido más lejos. Yo salí *retratao* hasta en las cajas de cerillas y he corrido mundo.

El buen abuelo dejó de correr, y se puso *malo de enfermedad,* que es diagnóstico de escasas esperanzas en la boca del pueblo.

Le fue llevado, en procesión de cirios, el Viático, mientras rezaban las mujeres:

> *Ya sale el médico Santo,*
> *vestido de carne humana,*
> *a visitar al enfermo*
> *que está malito en la cama.*
> *Dios le dé salud al cuerpo,*
> *y la salvación al alma.*

El buen abuelo no volvió a sentarse en la plaza al sol lagartijero del otoño. Al viejo abuelo se le heló la sangre.

—Todo se ha consumado.

Sonaron nueve campanadas lentas en la torre. Han sido bien contadas:

—El muerto es un hombre.

Si hubieran sonado ocho, sería señal de que la muerte había venido a una mujer. Sonaron a continuación treinta y tres campanadas.

—Era cofrade del Santo Cristo del Sudor.

Sonaron luego cuarenta y nueve campanadas:

—Era cofrade de San Juan de Sahagún.

El abuelo era amigo de la iglesia, amigo de lucir la capa negra en las fiestas religiosas del pueblo.

Lo de más preocupación de La Alberca, quizá también lo más hermoso, corresponde al mundo de la muerte. Por la intimidad de los hogares la conversación anda en voz baja:

—Seguro que ha muerto tío Ramón.

—Que la Divina Misericordia lo haya acogido en su seno.

—Habrá que preparar los estandartes.

—Te sacaré la capa y el sombrero negro. Pater noster...

—Amén.

Los nietos, los sobrinos, los familiares han dejado la azada clavada en el surco, han mirado al cielo contando la novena campanada, y han regresado al pueblo a ver al abuelo.

El abuelo está en el centro de la sala grande, sobre una sábana extendida en el suelo, en un cajón abierto.

Los familiares van llegando y se sientan en silencio en redor del abuelo, cada uno en el lugar que le corresponde. Gime alguna lámpara vacilando en aceite. Reza incansable una mujer. Se oyen apenas las palabras de pésame:

—Salud *pa* encomendarlo a Dios.

Huele profundamente la cera de los muertos.

El entierro va lento por la calle. El cadáver ha entrado en el recinto de la iglesia. La nuera casada con el hijo mayor del abuelo avanza con una vela en la mano diestra y un rosario largo y nutrido de medallas en la izquierda, ocultando el rostro en la mantilla, y hace la ofrenda ante el sacerdote.

El sacerdote canta:

—*Hacia el Paraíso te conduzcan los ángeles.*

Y el ataúd, lentamente, sale de la iglesia sobre hombros de muchachos roblizos que no tienen idea de la muerte.

Y se hace una procesión perezosa, enmarcada en dolientes campanazos, por las calles estrechas y hondas como sepulturas de gentes que andan, cada día, con sus pies y sus cuidados. Adelante va la cruz y los estandartes de diversas cofradías. Siguen hombres apretados y una hilera de familiares del difunto, embozados en sus negras capas, cubriéndose la mirada con el ala negra del sombrero. Luego va el ataud de madera enlutada, los curas y monaguillos. Marchan detrás las mujeres de la familia, vestidas con telas recién sacadas del fondo del arcón, una tras de otra según orden de sangre. Cierra el cortejo un montón de mujeres, un apretado montón de mujeres que empujan al muerto cariñosamente, forzadamente hacia el olvido.

Suena la tierra del sepulturero contra las tablas nuevas del ataúd, hecho para que se pudra.

LA MOZA DE ANIMAS

La tía Triz es una de las auténticas instituciones vivientes
albercanas, quizá la última, a punto de que la lleve el tiempo[1].
La tía Triz iba poco a la escuela:

—Cuando me dejaban tres cabritas y unos garrapatos que
tenía mi padre.

Pero la tía Triz sabe latín... y unas leyendas medievales de
encanto; y está segura de que las cosas andan tan mal como
andan por una mala picardía de Eva. La tía Triz tiene aún ojillos
escrutadores de azul cálido, ojillos de lince sin gastar, con los
que acierta a enhebrar agujas del número 19 y hasta del 25, para
bordar con abalorios algún antojo de alguna dama de París.

La tía Triz sabe la vida y la muerte de todos los santos. La
tía Triz es un alma de Dios, a la que Dios acogerá sonriendo
para que le cante bellos romances milagreros.

La tía Triz, montadas las gafas en la punta de su nariz afilada, ensarta abalorios con sus finas agujas y borda mientras habla:

—Nos están quitando la religión con tantas cosas nuevas.

—¡Que va, mujer! El señor cura lo que quiso fue cambiar
el viejo cuadro de las Animas por otro más grande.

—Pues, —Dios me perdone—, ¡que hubiera *dejao* el que estaba y que siempre estuvo!

La tía Triz ha cesado en su tarea minuciosa de bordar, se ha

[1] Antes de que mi empeño de meter en libro estas estampas de
La Alberca se haya cumplido, la señora Beatriz Mancebo ha dejado
de existir.

santiguado, sintiendo seguramente escrúpulo de conciencia, y busca defenderse:

—Nosotras queremos mucho a las Benditas Animas y tenemos que ayudarlas.

* * *

El animero ha guardado la garganta y medio rostro en una bufanda ancha que le cuelga más abajo de la blusa negra:

—¡Animas benditas!

La misa ha llegado al ofertorio.

El animero lleva en la mano un cuenco de madera, un cuenco grande de madera que sostiene en su hondonada otro cuenco más pequeño rematado en una cruz:

—¡Animas benditas!

Una vieja ahonda en el *farraco* buscando una moneda. Otra vieja ha sacado un par de huevos de gallina y los coloca en el cuenco pequeño del cuenco grande del animero.

—¡Animas benditas!

El sacerdote dice, vuelto al pueblo:

—*Orate, fratres.*

El animero va de arriba a abajo de la iglesia, de izquierda a derecha, y el cuenco grande va llenándose de monedas pequeñas:

—¡Animas benditas!

Suspira fuerte una vieja muy vieja.

El animero ha vaciado el cuenco de calderilla sobre un pañuelo grande. Ha anudado el pañuelo, y se ha sentado.

La tía Triz borda, sentada sobre un tajo de madera.

Se acuesta la tarde con caída santa de *Angelus* que gotea miel, con regreso bucólico de ganado que busca el establo. Cercan sombras a la torre. La tía Triz ha dejado de bordar. La tía Triz ha dejado de contar viejas historias y reza.

En el anochecer de cualquier día, de todos los días. La lamparilla del Santo Hospital alumbra los negros brazos de madera de la cruz de la fachada. Suena una campanilla. Llega rumor lejano de mujeres que arrastran el andar. El farol aceitado del osario, que está junto a la torre, pone reflejos mortecinos en dos calaveras, que esperan en sus nichos el desgaste del tiempo y la resurrección. Huelen las cabras que regresan del monte. Se oyen tres golpes de campanilla. *La moza de ánimas* recita una salmodia:

> *Fieles cristianos,*
> *acordaos de las Benditas Animas del purgatorio,*
> *con un Padrenuestro y un Avemaría por el amor*
> *de Dios.*

Otros tres golpes de campanilla, y la voz de la *moza de ánimas* en el salmo milenario:

> *Otro Padrenuestro y otro Avemaría*
> *por los que están en pecado mortal,*
> *para que su Divina Majestad los saque de tan*
> *miserable estado.*

Tres golpes más de campanilla. El rumor de mujeres enlutadas que sigue a la *moza de ánimas* pasa y se pierde. El momento parece fantasmal, imposible, cálidamente supersticioso. Pero cuando la tía Triz saca su alma sencilla a rezar seriamente, en la sangre golpea su agonía de infinitud el pensamiento.

—Pues una vez no salió a tocar la *moza de ánimas*.

Era una noche del invierno albercano. Noche de lobos y de nieve. Aullaba el viento en las esquinas. De seguro que estaban sueltos los demonios.

—No se atrevió a correr las calles la *moza de ánimas* —Dios la haya perdonado— y se acostó. Y salió sola la campanilla entonces. Y toda la gente despertó oyéndola rodar por entre las piedras del suelo, como si fuera la voz de todas las ánimas que pasaran gimiendo en luenga procesión.

Suena lejos la campanilla de la *moza de ánimas* que se va alejando por las calles hondas.

—¿Está usted segura de que eso es cierto?

—*Me cagüen* los demonios —¡Dios me perdone!—, si no crees en las cosas santas, partimos las peras.

—No, no. Si yo bien creo en las cosas santas...

*   *   *

Se está maravillosamente junto al umbral de casa en las noches de agosto. Baja un aire cariñoso y bienoliente de la sierra. Languidecen las bombillas. Se confunden los perfiles de las fachadas. Es hora de misterios y leyendas. La tía Triz enhebra las palabras y borda una conseja, ingenua y larga, muy larga...

—...¿Y qué hora es?

—Van a caer las doce.

—¡Jesús!, que tenemos que salir con la esquila de los primeros viernes.

En el reloj oscuro de la torre suena una campanada, la hora primera de un primer viernes de cualquier mes. Duerme el pueblo.

Por las calles hondas pasa la lengua delgada de una esquila.

Sólo se oye la esquila en un fondo ancho de rumor de pasos de mujeres, de agua escurrida entre las piedras, de grillos lejanos. A la luna de agosto, o a la nieve de enero, brilla la campanilla como un breve relámpago dudoso en la mano de una mujer. Veinte, treinta, cuarenta mujeres negras se arrastran por las calles y callejas como una pesada sombra que murmura. No es la esquila de ánimas ni las mujeres del anochecer. Son otras sombras, en la hora en que uno se siente inerme ante el misterio. Se siente, a las dos de la madrugada, por lo menos, cierto frío de navajas en lo más íntimo del ser.

FIESTAS

Quiéreme casar mi madre
con un pulido pastor.
No quiere que vaya a misa;
tampoco a la procesión.
Quiere que me quede en casa
remendándole el zurrón.
El a gruñir,
yo a regañar,
y no lo tengo
de remendar.

(Letrilla de baile del tamborilero)

EL DIAGOSTO

La fiesta de más relumbrón deja a agosto partido en dos mitades. La fiesta de más relumbrón es el día de la Patrona del pueblo, Nuestra Señora de la Asunción, o para usar pocas palabras, según costumbre de los lentos lugareños, *El diagosto*.

A La Alberca le va creciendo la alegría en cuanto pinta mayo. Por julio, vienen veraneantes y turistas con camisas de color y transistores. Y por agosto, ya se puede ir el buen hombre del pueblo, con cierta confianza, a las tabernas de la plaza, seguro de que la Divina Providencia no se olvidará de poner color a las manzanas que asoman su carnal tentación entre hojas de frutales.

En agosto, la plaza es más acogedora. Y la iglesia también.
Suenan las castañuelas, los palos, y las voces de la juventud
que ensaya la danza, el ramo y alguna comedia de capa y espada, con el mayor número posible de espadas o trabucos y de
capas. Se cuelgan algunas bombillas de más voltios para que no
se vea que no se ve. Huele a churros fritos y a dulces aceitados.
De seguro que tienen que estar a punto de arrancar a vueltas
las campanas de Vísperas.

Las mujeres viejas sacan las sayas antiguas que parecen nuevas. Las mujeres jóvenes estrenan trapitos monos que les acaba
de hacer cualquier modista salmantina.

...Hacen explosión mil cohetes.

A la Virgen la han dejado guapa las mayordomas. A la Virgen le han puesto más anillos de oro que a una novia, más collares de oro que a una madrina rica.

Cuando el predicador anda diciendo latinajos para el alza-
cuellos de su sotana, según costumbre arrastrada de Fray Ge-
rundio, los hijos de los mayordomos revientan, bajo el cancel
mismo de la puerta del templo, cohetes y bombas a los que han
quitado la varilla, cohetes que suenan como cañonazos de cañón
pequeñito, cohetes del buen tono de la mayordomía. Esto del
sermón es una cosa muy importante. No cabe la gente dentro
de la iglesia. El predicador da voces hasta enternecer.

La procesión llena la calle. La procesión es como un río de
primavera que le bebe toda la nieve a la montaña. Sobre las cabezas de las gentes que se arriman a las doradas andas de la Patrona, flotan quince estandartes de quince cofradías. Los mayordomos con sus capas negras parecen corregidores poderosos. Los
mozos y las mozas vienen y van ante la imagen en un baile nervioso, sonoro, pleno de gracia. El sol juega con los pliegues de
los trajes típicos dejando en la calle un cuadro impresionista,
imposible de morir en un lienzo. Los fotógrafos buscan las vueltas a la calle para captar la cambiante belleza de cada momento.

Brinca la gaita, le sube y baja de alegría la barriga al tamboril, se descalabran montones de cohetes.

Cuando la imagen de la patrona está en su sitial, casi debajo de las pesas y medidas escasas de las gentes del XVIII, comienza el *Ofertorio*.

El *Ofertorio* hay que saber hacerlo, tener sangre patriarcal y, seguramente, no contaminada. Hay que saber poner las dos rodillas tres veces en el suelo, saber inclinar con gracia la cabeza al hacer la ofrenda, saber regresar con otras tres genuflexiones dobles, sin dar la espalda a la Patrona. En esto de hacer las cosas con aplomo sabían mucho los antepasados.

Los fotógrafos no se pierden detalle.

Dicen que el curioso rito de las Fiestas de la Asunción de La Alberca recuerda el usado en la Capilla Universitaria Salmantina. Ofrecen los hombres por parejas. En primer lugar, el Alcalde y el Juez de Paz, con sus bastones de mando, más anchos que largos en sus capas negras. Siguen en orden de categorías las restantes Autoridades. Más tarde, cada uno de los mayordomos del año que corre en pareja con otro del año venidero. Luego ofrecen las mayordomas, esposas, hijas, familiares de los mayordomos, grupos cuidadosamente ataviados con los trajes típicos, pechos llenos de religiosas esperanzas llamando las miradas con la ostentación de todos los *hilos de oro* de sus casas. La mayordoma vestirá el traje de vistas si lo tiene, que para la Virgen y la boda lo tiene.

Los grupos de mayordomas esperan fuera de la plaza, en calle diferente cada grupo. El tamborilero y los mayordomos las adentran con amplia lentitud. Las matronas albercanas, en este punto, dejan estrecha a cualquier madre superiora en fiesta de colegio. Se embarullan con la abundancia los cohetes de tal modo que tiene que intentar el orden la Guardia Civil.

Finalmente, acuden a ofrecer los danzadores (calzones apretados, pañuelo ceñido a la cintura), y la moza del ramo en un desfile con recuerdos de torería. Y rompe el tamboril con una danza de viejos tiempos de guerra; y los mozos chocan los palos con soltura; y repican las castañuelas; y saltan sobre las puntas de los pies; y giran; y montan unos sobre otros para hacer *el castillo*. El mozo que corona *el castillo* le dice a la Patrona versos que ha sacado de su mollera alguna vieja del lugar.

Trenzan las mozas las cintas del *ramo*, tejen y destejen; van y vienen en un precioso juego de color, cantando dulces canciones con voz de princesas agotadas:

> *El cordón ya está tejido*
> *y ahora para destejerlo,*
> *le pediremos licencia*
> *a la reina de los cielos.*

Los fotógrafos se han sentado en el santo suelo, que es una posición bastante más cómoda, aunque de menos imaginación, que andar en cuclillas como ranas desacostumbradas.

Aplaude la gente. Queda contento todo el mundo. Sólo resta volver la imagen a la iglesia, y comer. Comer bien, bien, como se come una vez al año.

A la tarde, puede que haya toro o que no lo haya. Depende de cómo la juventud haya tenido, durante el año, la cartera.

Si hay toro, se arrima a la fiesta mucha gente de los pueblos serranos. Si no hay toro, se anima en crecido balanceo el baile, que tampoco es mal dulce para mozas en edad de querer ser miradas. El toro se corre en el empedrado de la plaza mayor, lo que no debe gustar demasiado a las pezuñas del animal. Las aberturas de la plaza quedan cerradas por grandes palos horizontales a los que se aseguran tantas escaleras de mano que uno sospecha que cada habitante tiene su escalerilla particular para esta única ocasión. Aunque sucede que, en cada escalera, se encaraman cinco o diez o más mozalbetes, según la distancia a

CALLE DEL TABLADO

LA PLAZA

LA IGLESIA PARROQUIAL DESDE EL SOLANO BAJERO

EL OSARIO

LA IGLESIA PARROQUIAL DESDE EL SOLANO CIMERO

RINCON DEL CHORRITO

RINCON DEL CAMPITO

ALBERCANO EN FIESTA RELIGIOSA

ALBERCANA EN TRAJE TIPICO

DANZA ANTE LA VIRGEN

DANZA DE MOZOS HACIENDO EL CASTILLO

PAREJA DE ALBERCANOS EN TRAJE DE FIESTA

ESCENA DE LA LOA

EN EL SOLANO BAJERO; VA A COMENZAR LA LOA

EL CRISTO DEL SUDOR

ERMITA DE MAJADAS VIEJAS

BORDADO POPULAR ALBERCANO

CASAS DE LA PUENTE (Flomáster de Alvarez del Manzano)

CALLE DEL PEDREGAL (Flomáster de Mari Tere Barcala)

INVIERNO EN LA PEÑA DE FRANCIA

VALLE Y MONASTERIO DE LAS BATUECAS

LAS SIERRAS HURDANAS DESDE EL PORTILLO

que se encuentre el novillo. En los balcones corridos de la plaza
se amontonan espectadores.

En esta tarde vuelve la plaza a toda la grandeza y hermosura
de antaño, un antaño de hace poco tiempo, cuando los salones
de baile no le habían robado el color maravilloso del domingo,
ni las comedias de la noche habían sido derrocadas por un cine
que no es mudo ni sonoro, sino sordo y algo bizco.

TORNAFIESTA CON "LA LOA"

Al día siguiente, al toque del esquilón, se reúne el pueblo
en el Solano Bajero, en torno al tinglado en que va a comenzar
la representación de *La Loa*.

La Loa es una especie de auto sacramental pueblerino, en el
que se narran las incidencias entre unos mozos lugareños y el
demonio, empeñado en perturbar las fiestas patronales de La
Alberca. *La Loa* tiene el viejo sabor ingenuo de las cosas viejas.

La Loa se repite año tras año, y chicos y grandes la saben
según el alcance de sus memorias. *La Loa* siempre es la misma,
con verso más o menos, según el entusiasmo poético de los in-
térpretes, la abundancia o ausencia de cómicos curtidos, las ganas de trabajar del señor cura que dirige la farsa, y la categoría
de la Fiesta. Si la fiesta es sonada y sobra pólvora y ruido, pintan a siete niños con carbón, los visten de negro de los pies a
la coronilla, y, hechos unos adefesios, los conocen por *pecados
capitales*. También pintan a siete niñas, pero más dulcemente,
con lápiz de labios de señorita barata, las visten de blanco y las
llaman *virtudes*.

Pero si la Fiesta es flaquita, si la Fiesta se queda en voluntad
de fiesta, en fiesta con cara de niña que ha perdido ganas de comer, no hay *virtudes* ni *pecados capitales,* lo que no deja de ser

una ventaja para el Arcángel San Miguel y para el Demonio,
quienes encuentran menos complicaciones y pueden moverse con
más ancha andadura por el breve escenario. Los personajes que
no pueden faltar año alguno son El Gracioso, Los Galanes del
pueblo, San Miguel y el Demonio.

Hasta algunos años atrás, hacer de Demonio ha sido lo más
importante para el que se estimase actor dramático. Y el orgu-
lloso personaje ni siquiera se cubría la mirada incendiaria cuando *La Serpiente* vomitaba el fuego de su traca infernal asustan-
do a las dulces francesas. Hacen ahora de Demonio, unos jóvenes demonios inocentes, menos demonios. Aunque, en estas cosas, no se puede asegurar demasiado ni poner en el fuego la
mano por nadie...

La función comienza con una socarrona introducción del Gracioso que poco tiene que ver con el auto. Inmediatamente se
inicia *La Loa* con una suave canción que nunca dejan entender
los murmullos del público. Y es que la atención anda fija en el
Demonio, que está en lo alto del escenario, al final de una rampa, a horcajadas sobre un animalucho de madera al que llaman
La Serpiente, aunque más bien parece un tigre. Las siete cabezas
de *La Serpiente* están llenas de pólvora y detonadores. El Demonio las incendia mientras vocea crispándose de rencor:

> *Sal, pues, que Luzbel te llama*
> *con agitado rencor,*
> *lluevan rayos y centellas,*
> *tiemble el mundo a mi valor;*
>
> *vomita ya, vil serpiente,*
> *la ira de mi corazón:*
> *viva el infierno y que muera*
> *María de la Asunción.*

El momento es grandioso, tremendo, lleno de entusiasmo y
de temor. Espectadores de primeras filas se guardan bajo los
bancos. Humo, silbidos, estruendo. Se queman las cortinas del

escenario. Por la rampa, desciende *La Serpiente* con el Demonio sobre su lomo.

El Demonio descabalga y se pasea por el escenario, en el que va a amedrentar a los galanes albercanos, para no dejarles celebrar en paz su fiesta mariana. Pero el Arcángel se encargará de echarlo a los infiernos por un agujero del escenario.

Y la gente aplaude, todos los años, tan contenta [1].

LOA EN HONOR DE LA ASUNCION GLORIOSA DE MARIA SANTISIMA

GRACIOSO

¡Válgame Dios! y qué bulla...
No vi jamás tal gentío.
¿Estamos aquí o en la Corte?
Pasmado estoy y aturdido
de ver a tantas personas
que a este sitio han concurrido...
Yo quisiera preguntar
con el respeto debido:
¿A qué tanto aparato...?
¿A qué tanto distintivo?
¡Ah! ya recuerdo; es que
celebra este pueblo
con la mayor alegría,
una muy solemne fiesta
a la Asunción de María.
Y la vemos colocada
en la iglesia parroquial,

---

[1] En esta segunda edición incluimos la *Loa* y el *Auto* siguiendo el texto restablecido por Francisco Maldonado de Guevara y publicado en: *Inventario de los castillos, murallas, puentes, monasterios, ermitas, lugares pintorescos...* compuesto por A. García Boiza. Salamanca, 1937.

donde todos los devotos
le ofrecen sus corazones
con muy fina voluntad.
Hoy se celebra la fiesta
que se llama popular
y otras cosas, muchas más...
Respeto a esta loa,
nuestro diestro director
no quería representarla
por parecerle vulgar.
Pero yo con mi tontuna
y por llevar la contraria
le dije con altiveza:
"¡Cumpla usté con su deber
preparando buena loa,
buen drama y buen entremés;
pues hay hombres y mujeres
y mozas tan funcioneras,
que en bailes y diversiones
pasan semanas enteras!"
"Y es... porque las vean majas
con chambras y figurines
los de la Sierra y el llano
de todos estos confines."
"Y por verse regaladas
con uvas, peras y frutas,
con dulces y leche helada."
"Y por si acaso sus novios
en estas cosas les faltan,
pueden estar preparados
a recibir calabazas."
¡Abrid los ojos, mocitas...!
No hay que dejarse engañar,
que los tiempos están malos

para poder gananciar
las cosas más necesarias
para unirse en matrimonio
y pasar aquesta vida
con paz y tranquilidad."
"Ahora al señor Alcalde
y demás autoridad
les damos rendidas gracias
por lo bien que han ordenado
esta fiesta popular."
"Y al público yo le pido
aunque no sea de su agrado,
que me den unas palmadas
muy fuertes... y con ambas manos."

(Vase.)

AUTO DE LA ASUNCION, QUE SE REPRESENTA EN LA VILLA DE LA ALBERCA

VOZ DE LOS CIELOS (Cantan.)

Vecinos y moradores,
acudid con alegría,
porque triunfante subió
hoy a los cielos María.
Regocíjense las almas
con la mayor alegría,
porque triunfante subió
hoy a los cielos María.

DEMONIO   (Sobre un dragón.)

Esa voz que a mis oídos
llega en fatídico son,
los sentidos me arrebata
y me llena de pavor.

Voz que imploras mis desdichas,
ven a este puesto veloz,
que, entre las nubes y el viento,
te espero en esta ocasión.

Sal, pues, que Luzbel te llama
con agitado rencor,
lluevan rayos y centellas,
tiemble el mundo a mi valor;

vomita ya, vil serpiente,
la ira de mi corazón:
viva el infierno y que muera
María de la Asunción.

(Aquí prende el fuego en las siete cabezas
del dragón.)

¡Ah!, los montes de Tabor
cuyas piedras encumbradas
compiten de las estrellas
con la hermosura elevada;

peñascos y pesadumbres
azules, bellas pizarras
que el mar de la Galilea
en sus contornos os baña;

montes de la Palestina,
de Idumea hermosa palma;
arroyuelos que al Jordán
buscáis entre verdes plantas;

aves que anidáis en chopos,
fieras que habitais montañas,
vientos que correis ligeros,
fuentes que nutrís las aguas;

laureles que, siempre verdes,
lograis vuestras esperanzas;
cedros que extinguís olores,
gomas que verteis fragancias;

peñascos que, en vuestro seno,
ocultais riquezas tantas;
tierra, madrastra del hombre,
en que sus blasones paran:

Oíd, que Luzbel os cita;
oíd, que Luzbel os habla,
de cuya soberbia tiemblan
las infernales moradas.

                    (Transición.)

Sabed pues, aves y fieras,
escuchad, montes y cedros,
peñascos, nubes, arroyos,
flores, aromas y vientos;

publicando ya mi guerra,
resuene el horrible acento,
que tengo el alma abrasada
de ira y saña en torvo incendio;

venga la soberbia antigua
reconcentrada en mi pecho,
para asaltar las murallas
que Dios puso en mi desprecio;

venga la negra avaricia
de aquel tan rico avariento
que a Lázaro le negó
las migajas de alimento;

venga la astuta lujuria
con sus halagos groseros,
que es el pecado común
que envenena al mundo entero;

venga la gula furiosa
envuelta con mil enredos,
haciendo juego de manos
y ofendiendo a Dios eterno;

venga la envidia rabiosa
embistiendo al universo,
sembrándole de rencores
y colores macilentos;

venga la pereza vil,
pirata, soldado viejo
del maldito Baltasar
donde ofició de sargento;

venga la ira y rencor
que alzó su pendón soberbio
para mantener la guerra
que destroza todo el reino.

                    (Transición.)

Si los siete capitales
tengo para mi resguardo,
¿qué puedo temer del cielo,
del mundo, planetas y astros?

Si, pues, soy único Rey
de todo el mundo creado,
del hombre corrupto y necio,
qué puedo temer en tanto?

Temed mi rabia sañuda,
que os está amenazando
con rayos y terremotos
y toda suerte de estragos.

(Vase.)

GRACIOSO (Dentro.)

¡Ah! putos, ¡ah! putos lobos
que rondais el majadal,
mal encontrón os deis, malo,
contra un valiente canchal,

donde la cabeza y sesos
os viera yo derramar.

(Sale.)

¡Jesús! Cuántos lobos, cuántos,
se han criado por acá:

uno, dos, tres, siete, veinte,
en la vida he visto más
que en estas nuestras Batuecas
se han dado ahora en criar.

Pero vamos a la fiesta
de ese vecino lugar
que a María de la Asunción
hoy se apresta a festejar.

Yo soy pastor, como veis,
y cada día sé guardar
tres panes de a cuatro libras
aquí dentro del morral.

                    (Señala su vientre.)

Yo como perfectamente,
pues para decir verdad,
media docena de cuernos
eché para merendar;

son de muy rico alimento,
pues con sólo así chupar
beso y rezo a San Cornelio,
cual muchos de mi lugar.

Sé cantar de mil primores,
y, cuando empiezo a entonar,
no me gana ningún burro
de los que andan por acá.

Mas, basta de digresiones,
y vamos a merendar,
que con tan largo camino
ganas tengo de cenar.

                              (Vase.)

GALAN 1.º   Este día me apasiona
                 no sé qué gusto y sabor,
                 que me alegro, y no sé como
                 me huelgo, y sin más razón.

                 Quiero atender y escuchar
                 lo que dice mi interior,
                 y es que este pueblo celebra
                 a María de la Asunción.

¿*Quién quisiera acompañarme*
a celebrar tal función;
quién quisiera acompañarme,
hay alguno, por favor?

GALAN 2.º   *Quien servir sólo desea,*
con humilde corazón,
a celebrar esta fiesta
de María de la Asunción.

GALAN 1.º   *Pues con tu ayuda podré*
explicar sus excelencias,
y cantar sus alabanzas
osará mi torpe lengua.

GALAN 2.º   *Comienza tú, como sabio,*
que mi ruda inteligencia
en obsequio de María
te ayudará como pueda.

                    (Transición.)

GALAN 1.º   *Ya que es día de contento,*
según el cielo publica,
regocíjese la tierra
al ver que se regocija

el cielo, de quien procede
toda alegría y justicia,
pues anuncia parabienes,
contentos, glorias y dichas

a la que es madre del Verbo,
del Padre preciosa Hija,
y del Espíritu Santo
Esposa muy escogida.

GRACIOSO   *Pues por eso, aunque tardío,*
            no dejé de venir yo.
            Mas ¡ah!, que se me olvidó,
            buenas tardes, señor mío.

GALAN 1.°   *Mañanas...*
GRACIOSO   *Es que las ganas...*
            Como estoy tan en ayunas,
            hace que tenga por unas
            las tardes y las mañanas.

GALAN 2.°   *¿De dónde eres...?*
GRACIOSO   *(Ap. Ya se olió*
            que vengo a lo que se guisa.)
            Para el carro, que no hay prisa,
            ¿pues no me ves que soy yo?

            Soy un pobrete mezquino
            que paso mi soltería,
            y voy a esta romería
            sin pan, carnero, ni vino.

GALAN 2.°   *¿Cómo te llamas? ¡Responde!*
GRACIOSO   *¿Habrá hombre más preguntón?*
            (Ap. Lo juro por San Zenón:
            ¡el diablo que te monde!).

GALAN 1.°   *¿De dónde eres...?*
GRACIOSO   *(Ap. Con malicia...*
            Va, y no sé lo qué responda.)
            Soy... soy...
GALAN 2.°   *¡Pronto!*
GRACIOSO   *Soy de Ronda*
            que está en medio de Galicia.

GALAN 2.º
*Turulato, y sin color
estais ya, según la muestra;
temblais a diestra y siniestra.*

GRACIOSO
En gran manera, señor.

GALAN 1.º
¿Luego entonces sois gallego?

GRACIOSO
*Eso no, que huele mal,
que yo nací en Portugal
en la ciudad de Lamego.*

*Pero dejando ya a un lado
las preguntas y respuestas,
¿no me contaréis las fiestas
que tanto se han divulgado?*

(Sale el Demonio.)

DEMONIO
*Detén la lengua, villano;
¿hay quien ante mí se atreva,
sin cordura ni concierto,
a decir tan gran simpleza?*

GRACIOSO
¿Y eso qué le importa a él?

DEMONIO
¡Vive mi ardor...!

GRACIOSO
*¡Vive y quema!
Mas ¿qué veo? Este barbón,
según que huele y se expresa,*

*el mismo demonio es
con las patas zanquituertas.*

DEMONIO
¡Que te abraso en vivo fuego!

GRACIOSO
Pelafustán de plazuela,

*cara de pocos amigos,
¿cuánto va que, si me inquieta,
que de dos cachiporrazos
le derribo la mollera?*

DEMONIO   *¡Todos tres arrodillados*
               ante mi real presencia!
               Abra su boca el infierno
               y reciba en su caterva

               a estos míseros mortales
               que resistir mi presencia
               osaron desvanecidos.
               ¿Quién como yo en mi potencia?

                         (Sale el Arcángel.)

ARCANGEL   *¿Quién como Dios, bestia fiera,*
               que, por tu furia y rencor,
               bajaste precipitado
               al infierno y su furor:

               envidioso, vano, artero,
               soberbio, imaginador,
               que te opusiste a los cielos
               en odiosa rebelión?

               Mas con todas tus astucias
               y tu conspirar traidor,
               no has de poder estorbar
               esta piadosa función

               que va a celebrar La Alberca
               a María de la Asunción.
               Escóndete, vil serpiente,
               cesa, tartáreo traidor,

               pues tengo siete virtudes
               contra tus pecados yo;
               a los profundos infiernos
               ¡vete, maldito de Dios!

DEMONIO   *Ya me venciste, Miguel,*
             y, en tan rigurosa pena,
             abra su boca el infierno
             y en su seno me contenga.
                      (Húndese.)

GRACIOSO   *Anda con dos mil demonios*
             engañoso, patastuertas,
             que de la calle del Puente
             no ha de salir cosa buena.

ARCANGEL   **Y vosotros, albercanos,**
             que a la Asunción hacéis fiesta,
             nunca dejéis de alabarla,
             que Dios, con su Providencia,

             os colmará de virtudes
             y de abundante cosecha,
             y, saliendo de esta vida,
             os dará la gloria eterna.

PEQUEÑAS FIESTAS CON COHETES Y TAMBORIL

San Antón

Casi todas las fiestas de La Alberca tienen una motivación religiosa, un quehacer con los santos.

Enero, el difícil y pelado enero, es el mes más egoísta en las viejas devociones locales. Las gentes del pueblo aman a su animal como los señoritos a su automóvil. El amor de las gentes del pueblo es más natural, más franciscano, más digno de la misericordia de los santos amigos de la naturaleza como San Antonio Abad.

Una blanda viuda, amiga de santos, explica con devoción:

—San Antón tenía un cerdo que iba por las calles. Y todo el mundo le daba de comer hasta ponerlo redondito como una pelota. En la casa en que la noche le cogía, allí quedaba. Y, a la mañana siguiente, volvía a la calle con su campanita al pescuezo, llamando a la caridad de todos. Los niños cantaban:

> *San Antón tiene un cerdito,*
> *que ni come ni bebe,*
> *y está gordito.*

—¿Y una vez cebado?

—A matarlo y a socorrer a algunos necesitados.

—Pues está bien eso.

—Estaba, sí señor. Pero hace dos años robaron el cochino. Yo pienso que no es ofender a Dios el desear que se le sequen las manos a tan sacrílegos ladrones.

—Pues... sí. Sí, señora. Se les debían caer las manos.

Es el atardecer, temprano y breve atardecer del diecisiete de enero. Los hombres han dejado más pronto su trabajo. Suena el tamboril.

Alrededor de la iglesia desfilan animales pacientes, ligeramente asustados por el monótono zumbido del tamboril y por los gritos de los espectadores. Los caballos dan vueltas al templo parroquial a la carrera. Los asnos, al trote. Las ovejas que rozan con la testa el empedrado, a paso lento y atolondrado.

—Que el divino San Antón, protector de las haciendas, guarde con bien nuestros ganados.

—Amén.

San Sebastián

Pisando los talones al pacífico San Antón, viene San Sebastián con mil agujeros de flechas perdidas, por donde vierte esperanzas de salud corporal.

Los mozos han traído un árbol verde de Las Batuecas, un acebo de hojas lustrosas, y lo colocan a las espaldas del santo malherido para que las descanse.

La voz del sacristán suena poderosa como un escuadrón romano. Y se le van uniendo las de hombres y mujeres del lugar, reforzando la súplica que les nace en el hondón del pecho:

> *Sois abogado especial*
> *en los males contagiosos.*
> *Válganos tu intercesión,*
> *San Sebastián valeroso.*

Las Águedas

Antes de que a las mujeres les pusieran en papel de oficio unos derechos de los que acabarán cansándose, hacían todos los años un día de huelga íntima, de deliciosa huelga manifestativa de poderío sobre el varón.

Eligieron, naturalmente, una fiesta de mujer; una fiesta con claras notas diferenciales de sus esencias; una fiesta de pechos, que es de lo que más presume, a simple vista, la mujer; una fiesta de pechos honorables, de generosos pechos.

Y le quitaron, en tal día, la voz y el voto a los varones, excepto al cura y al tamborilero. No eliminaron al cura porque necesitaban de un intermediario entre sus fuertes y entusiasmados pechos y los pechos sacrificados de la Santa. Y no pudieron

prescindir del tamborilero porque su vanidad necesitaba que la
gaita y el tamboril publicaran sus idas y venidas callejeras. Por
lo demás, se despacharon a su gusto, se vistieron ostentosamen-
te, comieron blandos bizcochos y chocolate, dominaron, en fin,
un día más, sobre los silenciosos y mustios varones, aunque, en
este día, con cierto despotismo ilustrado.

Carnaval

El carnaval tiene sonido y sabor a carne, a venganza pagana
contra los buenos espíritus cuaresmales antes de que lleguen,
a vacuna preventiva e ineficaz.

—¡Que nos quiten lo *bailao*!

El carnaval es baile sobre todo, últimas despedidas de los
cuerpos antes de entrar en penitencia. Al baile se le añade harina, harina de saldos, harina mezclada con otros polvos menos
blancos, y vino. El vino, el baile y la harina hacen el alboroto
y la mascarada.

El carnaval dura tres días aunque el cura predique. Domingo, lunes y martes de carnaval. Detrás está el miércoles de ceniza, y uno se lava y se compone, y haciendo un cambio impresionante en el espíritu, como si nada, ahonda en las profundi-
dades de la frase litúrgica:

—*Pulvis eris et in púlverem reverteris*.

La juerga sube por días. El martes está lleno de *majas* que
no se cubren el rostro por miedo a las autoridades y porque,
según ellas:

—Nosotras somos hembras de bien.

Los mozos y las mozas se entretienen en peleas afectivas, buscando a los fondos y costuras de sacos la harina que no vale

para pan, el salvado y las pelusas y, si la intención se avinagra,
la sucia ceniza de troncos consumidos. A las muchachas se les
cambia el color del cabello y una leve albura vela sus mejillas
excitadas como velaban afeites los rostros de abuelas de fin de
siglo.

El empedrado de la plaza va tornándose blanco y hasta los
serios vestidos de gentes formales van cambiando de color.

La plaza, una vez más, se hace habitación de todo el pueblo,
cuadrado familiar donde poder correr la última tontería.

El *patajeno* hincha barriga y espalda con dos sacos de paja.
Un toro humano, un cualquiera con unos cuernos de palo más
largos que la cuaresma, embiste al *patajeno,* lo vuelca, lo re-
vuelca. El *patajeno* se hace cilindro de paja que rueda por el
empedrado con bastantes probabilidades de desgastarse la nariz.
Al atontado *patajeno* hay que ayudarle a ponerse en pie, hay
que abrirle las gruesas patas para que se tenga en pie y pueda
el toro acometerlo, cornearlo, revolcarlo entre los gozosos chi-
llidos de la gente, entre alaridos de gente que se hace la me-
drosa.

Al humilde *patajeno* se le rompe de pronto la piel de saco
y empieza a sangrar paja, dorada paja molida por el trillo, y se
queda flaco, triste, desinflado como hombre de verdad.

Mañana empieza la cuaresma.

SEMANA SANTA

A la Semana Santa se llega con un recalentamiento religioso
progresivo. La cuaresma, larga con sus viernes de peces y de
tortillas con patatas, y el clero que obliga a los cumplidores con
Pascua a pasar por las listas que los monaguillos embarullan en
la sacristía, meten a los hombres en cintura.

A las mujeres las adelgaza, las espiritualiza el ordinario via-crucis al Calvario, una colina de buen ver que está más allá de la paz verde de las eras, y desde la que se siente la ilusión de alcanzar la cima de la Peña de Francia en un salto de niño travieso.

La Semana Santa trae a la mejor memoria de los cofrades las cofradías de sus devociones. Hay que poner a mano las am-plias capas negras, las hachas de la cera sacada a las abejas loca-les que alumbrará el monumento, los pasos y los estandartes, los reglamentos y las cuentas con el tesorero.

Las procesiones son íntimas, familiares, por los hondos abis-mos de las callejas empedradas. Las mujeres cantan atrás, sacán-dose tristezas de los senos enlutados. Los hombres van adelante; de vez en vez, se paran y giran las cabezas por ver si el paso les sigue o se detiene. Entre los hombres y las mujeres, sobre robus-tos hombros, avanzan los pasos: el del Santo Cristo de la Mise-ricordia, el de Jesús atado a la columna, el del *Ecce Homo,* el de la Virgen de los Dolores, el de la Vera-Cruz, el del Santo Sepulcro, celosamente acompañados por cofrades arrebujados en sus capas.

—Ese sayón que tira de la soga de plata del *Ecce Homo* es el *Juitas.*

—Tiene buenas narices.

—Algunos lo llaman *Narizotas* o *Granaino* o *Don Lorenzo.* ¿No sabes las bromas de *Don Lorenzo?*

—No; yo, no.

—Las hacen los mozos a los jurdanos cuando vienen a bus-car patatas. Les mandan que vayan a la casa de *Don Lorenzo,* que las tiene superiores. Y allí les introducen en la sala en que se guarda el *Juitas,* para que le pregunten. ¡Menudo susto que se llevan, al dar la luz, y encontrarse con las narices de *Juitas!*

—¡Silencio en la procesión! (gruñe un cofrade negro de nariz judía).

En la procesión del Encuentro, mujeres y hombres andan separados. Dolientes mujeres, suspirantes mujeres, amantes mujeres de la Virgen de los Dolores a la que rezan o cantan todos los domingos la novena después del rosario comunal, se aprietan junto a su Virgen desolada por calles de nombres poéticos. Y suplican con coplas:

Salve, mar de penas.
Salve, triste Madre.
Salve, fuerte pecho.
Dolorida, salve...

Los hombres van con el Nazareno por otras callejas a encontrarse con las luces de las mujeres. En la plazuela de La Balsada tiene lugar el encuentro. Un fraile predicador, llegado de Salamanca para estos actos, se desgañita desde un balcón.

A este encuentro nocturno, cansado encuentro, angustioso encuentro que tiene por fondo rumor de pasos arrastrados y de fuentes lloronas, se contrapone el encuentro glorioso de las doce de la noche del Sábado Santo en la plaza mayor. *El Aleluya* se aparece a la Virgen entre griterío de cohetes, lenguas sueltas de campanas y algazara de gentes que ya iban sintiendo un cierto gustoso deseo de dejar atrás las severas formas de la Semana Santa.

¡Aleluya!

LUNES DE AGUAS

Este Lunes de Aguas, gracias a Dios, y según cuentan las valientes mujeres de La Alberca, es buen lunes; el mejor lunes de todos los lunes del año.

El Lunes de Aguas es día de fiesta o, para ser más exactos, medio de fiesta.

Se echa uno a la calle después de comer, después de bien comer obligado por las cuidadosas mujeres.

—Verás qué vino vas a hacer como no llenes la barriga...

Las cariñosas y previsoras mujeres aciertan con el pensamiento del hombre en esta tarde de mitad de primavera:

—Despreciar el vino una vez que lo dan gratis no deja de ser una mala tontería.

—Tiene usted más razón que un santo.

—¡Que si la tengo, eh, que si la tengo!... ¿Y por qué no nos echamos un cuartillejo mientras empiezan a doblar las campanas?

—Hombre, yo creo que debíamos ir a ver si corren los gallos o no los corren.

—Hay tiempo *pa tó*. Un vasito sólo, ¿eh? ¡Una tarde es una tarde, qué diablos!

Puede ser que corran los gallos o que no los corran. La decadencia de las vetustas, de las entrañables tradiciones locales ha llegado a los *escancianos*.

—Escancianos viene de escanciar.

Lo ha explicado, en la taberna, un señor que, por el apodo, debía saberlo. Mi compañero, chiquito y nervioso, que ya llevaba más de cuatro vasos para su bodega particular, aseguró que sí, que era cierto:

—Si lo dice Sabidole, es verdad.

Sabidole ha estudiado con los curas y algo le queda. Sabidole enciende un cigarro con chisquero de larga mecha amarillenta y da muestras de su lenta sabiduría:

—Escanciar significa echar vino en los vasos, que es lo que deben hacer esta tarde los escancianos, echar el vino de las *galletas* en los *barquillos.*

—Lo que sabe, ¡eh! Otro vasito.

—Sí, claro. Y ¿eso de las galletas y barquillos?

Sabidole se hincha como un pavo, mastica el cigarro mientras enrolla ceremonioso la mecha al encendedor elemental, y explica:

—Las *galletas* son unas ánforas de cobre con un pitocho por donde se echa el vino en los *barquillos.* Los *barquillos* son dos vasos hermanos de plata que se enchufan uno en otro.

La gente moza embarulla los rincones:

—¡Viva el Lunes de Aguas!

—¡¡Viva el vino!!

Los escancianos han desaparecido, los jóvenes, felices, alborotadores escancianos que visitaban, en ciertas buenas noches, los domicilios de funcionarios y autoridades, donde animaban sus estómagos con dulces y licores hasta quedar a punto para no dejar ni huesos del cabrito del escanciano al que tocase en turno dar la cena común. Acaban de pasar a la historia los escancianos que repicaban, con cierto arte avinado, sartenes de variados sonidos.

Se corren los gallos. Aunque sólo sea por no dejar mal a Radio Nacional de España que ha anunciado las corridas de gallos en La Alberca como acontecimiento turístico.

Caracolean los caballos enjaezados, con jinetes en camisa nueva, en el Solano Bajero. Cuelgan los gallos cabeza abajo en el arranque de la calle del Barrio Nuevo.

—El Barrionuevo debió ser nuevo hace quinientos años.

—¡Coño!, no había yo caído.

Los caballos sacan chispas del empedrado, como el herrero de la fragua. Salta sangre de pollos inocentes.

—¡Macho mi yerno! Y le ha *quedao* llena de sangre la camisa.

Mi amigo, chiquito y nervioso, está contento de que su yerno lleve a casa la camisa manchada con la sangre del pollo.

—Y la camisa es de las buenas.

—Sí, claro.

—De las que usan los señoritos.

—Que sí, hombre.

—Se la regaló la mi Juana para la boda. Y un regalo *pa* casarse...

—Claro, claro.

—Vámonos *pa* la plaza.

—Vamos.

Comienzan a doblar las campanas de la torre. Las galletas

están llenas de vino, de gracioso vino consistorial. Nos sentamos en la última grada de la cruz de la plaza, pacíficamente, ciudadanamente, en espera de algún barquillo que echar por el gaznate.

Las galletas y barquillos llevan inscripciones del siglo XVIII. Mientras mi amigo se adormila, esperando paciente que nos alcance el vino, repaso copias de documentos, de auténticos documentos encontrados entre polillas muertas:

Yo, doña María de Toledo, Duquesa de Alba, Marquesa de Coria, etc., hago saber a Vos, Bernaldino de Henao, Corregidor que sois de mi villa de Granada [1]*, e a otro cualquier que de aquí adelante fuere, e a vos los alcaides e regidores e Procurador del Conçaijo de mi lugar del Alberca, que por parte del dicho lugar me fue hecha relación por su petición diciendo que el dicho Conçaijo del Alberca tiene costumbre muy antigua, en cada año hacer una proscisión a nuestra Señora de la Peña de Francia; la cual hacen el Martes de Pascuas de Espíritu Santo y otra el lunes que llaman Albillo, que es después del Domingo de Quasimodo, en la cual van a nuestra Señora de Majadas Viejas, y el lunes de Pascua de Resurrección sacan al exido el pendón del dicho lugar, que ganaron cuando la guerra de Zamora.*

Y cuando van a las dichas proscisiones los vecinos del dicho lugar llevan de comer de sus casas y el Conçaijo les da el vino que se gasta en las dichas proscisiones. Y el día que sacan el Pendón dan dos veces de vino a cada uno. Y que estando, como están, en posesión de tiempo inmemorial de lo poder ansí hacer, Vos, el dicho Corregidor, en las visitas que habeis hecho de la tierra de la dicha mi villa les habeis mandado que no den el dicho vino del dicho Conçaijo, sin mi licencia y mandado; en lo cual, dicen, rescibir notorio agravio, lo cual todo fue por mi mandato, visto en mi Consejo y conmigo consultado.

---

[1] Hoy Granadilla, evacuada y aislada en el actual pantano de Gabriel y Galán.

*Y en ello proveyendo mandé dar e dí la presente, por lo
cual, siendo lo susodicho cosa tan antigua, como dicen que es,
y atento en otros muchos Conçaijos sea costumbre, cuando van
las proscisiones el lunes Albillo, los Conçaijos del Alberca qui-
sieren ir y fueren por sus desvociones a las dichas dos proscisiones y sacaren el Pendón sobredicho el día que dicen que se saca,
puede el dicho Conçaijo dar el dicho vino, habiendo en todo
moderación y no desorden. Y mando a las dichas mis Justicias,
que no impidan al dicho Conçaijo del Alberca lo gozar desto por
mi mandado e permitido.*

*Fecha en la Villa de Alba, a siete de mayo de mil e quinien-
tos e cuarenta e siete años.—Yo, la Duquesa Marquesa.*

*Por mandato de S. S. Juan de Portillo. Pedro Andrés: de
derechos tres reales.*

—*¡Chacho! Pus* me gusta a mí ese papelote. *¡tá güeno....!*

Mi amigo, chiquito y nervioso, se limpia las boceras con el
dorso de la mano, con el bajo de la blusilla azul.

Doblan, de vez en vez, las campanas. Todavía hay algún
viejo que se acuerda de los muertos. Algunas mujeres esperan
que los distribuidores del vino les hagan la gracia de llenarles
sus pucheros ennegrecidos. En esta tarde de gracia, se le hace
gracia a todo el mundo.

—¿Qué? ¿Nos vamos un rato a la taberna?

—Ya hemos bebido bastante.

—A mí *entavía* me cabe una cuba. ¡Hala, vamos!

Los novios se han retirado a hacerse ilusiones con las mozas,
a hurtarles chocolate y golosinas.

Doblan las campanas.

—*Pus* me *paice* a mí que esto de que *haiga* un Lunes de
Aguas al cabo el año no está nada mal.

—¡Qué ha de estar mal!

Va oliendo a humo y a acidez la taberna.

—*Pus* dicen que esto del vino es por lo del Pendón de las mujeres.

—Ya los oíste antes en el papel que te leí.

—¡Ah, coño! Ya caigo...

En los rincones cabecean dos viejetes. De oreja a oreja se cuentan los hombres historias íntimas, con cierta fantasía.

—*Pus*... a mí mal que digamos no me va con la María.

Mi amigo, chiquito y nervioso, habla con un hilo de voz como si todo el vino que ha pasado por su garganta se colgase de su campanilla.

—*Pus pa* decir mal, mal, no me va. Algunos duretes hemos *ahorrao* entrambos *pa* que el cura nos cante un cacho largo de responsorios y se fastidie.

El amigo, chiquito y nervioso, se siente confortado con el travieso pensamiento de tener al cura cantándole el entierro un par de horas, y se limpia repetidamente con el dorso de la mano las boceras.

—*Pus* el susodicho Pendón lo subimos el Lunes de Pascua, que fue el otro lunes, a las eras.

—Ya.

—Me *paice* que es mejor que lo del Pendón sea un lunes y lo del vino sea otro lunes, porque así son dos lunes, y dos lunes son mejor que un lunes, digo yo.

—Claro.

Al amigo, chiquito y nervioso, lo sostiene el mostrador y las piernas bien abiertas:

—¿Y por qué no nos animamos un algo con coñac?

Va anocheciendo. Las mujeres asoman sus rostros curiosos o preocupados desde el umbral de las tabernas.

Siguen doblando las campanas.

MAJADAS VIEJAS

Carretera adelante, por el camino de Mogarraz, se mete uno en el monte, se pierde uno entre robles con moscas, entre esperanzas de protección de una virgen pequeña, que vive lejos del mundanal ruido en su ermita de Majadas Viejas.

Andamos de romería separándonos del polvo de caballos enjaezados, escuchando el viejo runruneo de mujeres que saben rezar por los caminos, colgándonos de la risa de muchachas tiernas que vienen floreciendo como guindos.

La ermita dista de La Alberca sobre dos kilómetros de carretera, aunque un atajo acorta la distancia. Junto al sedero se levanta un muelo gigante de piedras menudas que han amontonado los peregrinos, una a una, en testimonio de avemarías rezadas, una a una, en sus visitas a la Virgen.

Estamos en una ermita pequeña, que no puede con tantos peregrinos como han venido a decir sus cosas a la Virgen:

—Que la Santa Madre de Dios, lirio del campo, nos mire complacida.

—Que la Virgen de Majadas guarde nuestra hacienda.

La imagen es pequeña como las mujeres rebosantes de ternura. Fue tallada por un buen lugareño que debía tener más grande, más hermoso, más útil el corazón que las manos. La imagen puede ser del siglo XI.

Según dice una *loa* recién acabada de estrenar, el hombre santo que encontró la imagen se llamaba Froilán y era clérigo penitente de Monforte.

Uno, como el clérigo Froilán, vagabundea entre robles y peñas, pero sin buscar nada, vagabundea por vagabundear y ver, que es una virtud de las que se oponen a algún pecado capital. Las gentes han venido en romería de costumbre, con las mismas esperanzas y menos devoción que en 1533, cuando el Papa Clemente VII concedía bula de jubileo en un pergamino que amarillea en el museo parroquial y lleva un sello en plomo colgándole del costado.

Ante los puestos de almendras, de plásticos, de muñecas, de quincalla, abren ojos los niños, van declarando las niñas qué serán luego que crezcan un poquito. Vacían vasos los hombres, y un tabernero accidental arruga pellejos junto a un tronco de roble noble y sorprendido.

Huele a carnes asadas, a tiernas costillas de cabrito sobadas con tocino a las que va dando un dorado delicioso el fuego de retamas. El campo abre apetitos.

Después de comer y beber todo lo que cada cual es capaz, más aliviados, más generosos tornamos a acordarnos de la Virgen. Y, cargándola sobre robustos hombros de hombres y mujeres, es llevada su imagen a la abertura de unas rocas donde, según la tradición, la encontraron los santos ojos de Froilán. Cien metros más allá, crece el religioso montón de piedras que los peregrinos han ido juntando según la devoción les sacaba avemarías de los abismos del pecho.

Sobre una roca ancha, unos niños hacen *La Loa,* reavivando

en la fe de los peregrinos la vieja historia del hallazgo de la
imagen. Los niños lo hacen todo lo bien que saben, que no es
demasiado. Y, como gritan hasta enronquecer y canturrean como urracas de señorita feucha sin novio y sin hermanos, los espectadores les animan con voces y con aplausos, lo que no es
nada difícil después de haber bien comido y bien bebido y de
haber despachado la modorra con la procesión y los loores a la
Virgen.

Al gran Demonio, al famoso Demonio de *La Loa* de las
Fiestas de la Asunción, no se le ha dado aquí ni una mediana
oportunidad. El cura le ha ganado la batalla, en esta tarde de
romería, a todos los diablos: para que la juventud no se acuerde
de las fiestas en que andaban los viejos dioses y diosecillos silvestres cuando los encendía la primavera, ha inventado unos
festejos en los que no faltan ni cuernos, chiquitos cuernos, inocentes cuernos que no asusten a niños ni mujeres, pero que habrán levantado en los infiernos un humor de mil demonios.

CORPUS

Para ser cofrade del Santísimo no hay que andarse por las
ramas. La admisión de un nuevo miembro debe ser sometida a
Consejo.

Se hace votación en la sacristía. A cada cofrade se le entrega
un garbanzo. Dos capitostes pasan ante los cofrades llevando
una gorra de cabeza en su mano. Una gorra recogerá la acepta-
ción del aspirante; la otra, su rechazo. Cada cofrade introduce
su puño cerrado en ambas gorras, depositando en una el garbanzo afirmativo, mintiendo en la otra.

*   *   *

Comienzan a voltear locas las campanas. El Corpus es fiesta
que cae cuando Dios quiere, que suele ser en el primer calor de
junio para que las mujeres puedan poner las mejores colgaduras
en balcones y ventanas y hasta sobre los muros de las casas.

—Desde luego, esto del Corpus es hermoso.

—Que sí, Paisa, que sí. Y había que ver hace unos años,
Paisa. Había que ver el último año que yo eché una relación.
¿No la oíste, Paisa?

Paisa ha puesto muchas relaciones y mucho calor ante chicos y grandes. Había que verle cuando se encendía con las cosas
de Dios y de la patria. Paisa estuvo en el seminario y en la
guerra de Cuba. Paisa ha corrido más mundo que todos sus
abuelos. Paisa está en silencio en el pueblo hasta que echa la
capa atrás, levanta los brazos y se sale por relaciones como un
toro hispano. Paisa, amigo, un gran amigo.

La cuñada de Paisa ha revuelto el arcón de nogal, buscando
las sábanas de lino más añejas, las que salieron del linar del
pueblo, antes de este siglo, honradamente, trabajosamente. La
cuñada de Paisa que oculta el rostro en los pliegues de un pañuelo de cabeza, prende en el centro de la sábana un lazo negro.

—Quienes estamos de luto no colgamos paños bordados, ni
mantones de manila, ni colchas. Nos basta con esto.

                          *   *   *

La Esquina del Tornero, la calle Larga, la Balsada, el Tablado, la Travesía del Tablado, la Fuente Caná, el Chorrito, el Llanito, el Barrionuevo, un largo kilómetro de calles y casas puli-
das, vestidas con los *majos* más majos, más guardados, esperan
la procesión.

La procesión avanza lentamente. Detrás de la cruz parroquial y los ciriales, con los que juegan inocentes y nerviosos monaguillos colorados, se aprietan y separan las difíciles hileras de los niños de cabezas vueltas para atrás, de cabezas imposibles de quedar en la correcta posición del ser humano pese a los esfuerzos de los sufridos maestros de escuela. Siguen los estandartes de todas las cofradías de la parroquia, balanceándose entre cofrades con capas negras y hachones amarillos, y las banderas de la Acción Católica, delgadas y solas. Y viene luego, la blanca hostia en la custodia grande que hace sudar al cura bajo el palio de seis palos, entre la Guardia Civil con traje de gala, entre las hachas de cera virgen, encendidas y apagadas, de mayordomos con cetro. Detrás, viene el clero y autoridades. Y cierran el cortejo las mujeres cogidas del brazo, apretándose contra el Santísimo, arrastrando el lento ruido de sus pasos.

La procesión se detiene quince veces en quince altarcitos con innumerables santos chiquitines traídos de las salas íntimas por los vecinos, con imagencitas de nombres ignorados a las que quisieron los abuelos, a las que quieren, un poco menos ya, los nietos, a las que querrán todavía los nietos de estos nietos.

A veces llegan de Salamanca turistas, colegialas con voces agrupadas de arcángeles inesperados, que, en la caja honda de las calles albercanas, resuenan bien, muy bien.

La procesión descansa definitivamente en el Solano Bajero, en un altar bajo el pórtico del templo. Y ante el Santísimo se hace un ofertorio, con el mismo protocolo del *ofertorio* del *diagosto* ante la Patrona, bajo un sol más blando glorioso sol de fin de primavera que alumbra la belleza del momento.

* * *

NOCHE DE SAN JUAN

La Alberca, como muchos pueblos de España, tiene un San Juan para entrar en verano, para encender hogueras, para empinar en llamas los corazones mozos, para acunar el sueño más dulce en jovencitas que están en edad de merecer.

Cuando me asomé al balcón de mi casa, en el anochecer sanjuanero, estaba ardiendo el pueblo por todas las esquinas.

Había visto a niños esmirriados que traían a cuestas retamas de la dehesa:

—Son para la hoguera del Solano.

—Nosotros la hacemos en La Puente.

—La mejor es la nuestra, la del Castillo. ¡Vivan los machos del Castillo!

Vocean los niños. Cantan, como grillos sin acuerdo, los deliciosos, los terribles, los espabilados niños.

Me echo a la calle a vagabundear por las hogueras de los barrios. Andan las llamas dibujando sombras grotescas por los muros enrojecidos de los viejos edificios. Una mujer ofrece coñac al vagabundo, pero no bebo, porque en estas noches encendidas es mejor dejar deseos en el corazón. Iba ya la botella bien mediada y el corro bien crecido en torno de la hoguera. Hasta las viejas hembras gritaban incendiadas.

Los niños habían levantado *sanjuanes* esbeltos, árboles jóvenes, derechos y desnudos, traídos del bosque a las plazuelas, donde estremecían las hojas de sus copas recortadas, como flequillos angustiados. El campo entra en las calles derramando olores de romero y de heno. El pueblo sale al monte a recoger el trébol y plantas de salud. Pueblo y campo se casan esta noche.

El olor del romero despierta el corazón de las abuelas, que sintieron en sus jóvenes noches, pasos de novio en sus balcones, ramos silvestres con regalos como caricias tan cercanas que casi se sentían en la almohada.

Los niños embarullan la noche con saltos entre llamas y humos, con cohetes, con tamboriles distendidos como sus barriguillas de faunos aún imberbes, con sartenes tiznadas que suenan a relámpagos.

Se juntan y separan, en un baile nervioso, las muchachas que andan con la cabeza a pájaros y el corazón a suspiros. Y las ninfas mojadas y los sátiros locos pasan de la primavera hacia el verano.

El humo se hace denso, huele a pecados húmedos. Se han juntado al romero y a la retama pura, que pusieron al campo en holocausto, gomas de pies cansados, viejos vestidos que están ya chamuscándose, cuernos y pelillos del mismísimo diablo. Rebuscan las brujas bajo la luna para dar hechizos.

Será mejor marcharse.

DE HISTORIA Y DE LEYENDA

De este destripaterrones
venimos los infanzones.
(Refrán popular castellano)

A VUELTAS CON LOS ORIGENES

La Alberca es un nombre de claridad susurrado al oído de algún poeta por la más bella hurí de Mahoma. Dicen que el nombre primero fue Valdelaguna, regalo romano de aguas tendidas al sol. Basta saber gustar la sugerencia de ambos nombres engarzados en cristales perezosos, sin entrar en más historias.

Eso de andar buscando historia a los pueblos que han hecho su historia llanamente, día a día como Dios manda, sin meterse en otros berenjenales, no parece mal entretenimiento para muchos. Estos pacientes desentretenidos y husmeadores oscuros opinan luego según su gusto o según su sardina, si aún queda ascua que arrimar.

Buscándole orígenes a La Alberca, unos opinan que tiene ascendencia árabe, mozárabe o morisca, apoyándose en las características de los edificios, en los cultivos, en el uso de asnos y mulos, en el individualismo, en los apodos, en el folklore, y, claro está, en el nombre.

—Puede que tengan razón.

Otros buscan influencias judías por advertir que los niños

nacen rubios y, al crecer, se tornan morenos, por el préstamo de las *cuartillas* en los *casorios,* por la afición a la arriería, hasta por la nariz local que alargó en el *Juitas* algún amigo de Quevedo.

—Pueden tener razón.

Hay quien cree en una aportación vasca, relacionándola con apellidos, gaita y tamboril.

—Es posible que tengan razón.

Gustan algunos de afrancesarse y traen una hilera de nombres en defensa: Sierra de Francia, Peña de Francia, Mesa del francés, río Francia, calle del Vivaque...

—Posiblemente tienen razón.

Y hay quien cree lo mejor fijar una raza de primitivos pobladores vettones, que recibieron influencias de godos que perdieron definitivamente a España y a su rey Rodrigo en Segoyuela de los Cornejos, a pocos kilómetros de La Alberca, y de árabes, y de judíos, y de vascos, y de franceses...

Como uno está dispuesto a darles su parte de razón a todos los investigadores de La Alberca, a todos los que han escrito, hablado y opinado, uno no se para a escribir, hablar u opinar más, y prefiere escuchar las historias singulares que andan en los labios del pueblo, más seguras, más interesantes y, sobre todo, más bonitas.

CASTILLO, TORRE Y PALACIO

Pudo haber castillo cuando los godos y los árabes subían y bajaban por la piel de España, y se peleaban y se querían como malos vecinos, e iban haciéndonos serranos montaraces, individualistas y orgullosos.

Pudo haber castillo cuando Alfonso el Sabio quería remendar los desarreglos de los Infantes y dejaba La Alberca a su tercer hijo, el infante don Pedro. O cuando los hijos de Alfonso el Onceno andaban quitándose las tierras y las vidas, y pasó el lugar al cuarto hijo, don Sancho, el que casó con la infanta Beatriz de Portugal, de tan hermosa y breve vida como la de su madre, la bellísima, desventurada y sin par doña Inés de Castro. O cuando don Juan II quitó estas tierras al infante don Enrique, —nieto de Inés de Castro, tercer hijo de doña Leonor la Rica-hembra—, porque salió un tanto inquieto y desobediente a su majestad, y las dio a los señores de Val-de-Corneja, por quienes habrían de venir los Duques de Alba poniendo picas.

—¡Buenas picas, gran Dios, en Granada y en Flandes!

De aquel castillo que asomaría sus barbacanas a la trinchera que abre el Arroyo de la Puente al lado por donde nace el sol, no queda sino un barrio harapiento, o para mejor decir, dos barrios: El Castillo Alto y El Castillo Bajo, por donde van muriéndose gentes sin fortuna, a los que llega poco pan y no mucho vino.

* * *

De aquel castillo no quedan hoy ni las ruinas que sirvieron de campanario, antes de que los señores de Val-de-Corneja hicieran la torre cuadrada de la iglesia.

En aquellos tiempos en que las cosas se medían con pies, —no se sabe exactamente con qué pies—, escribía el Bachiller albercano González de Manuel: la torre *es una de las buenas que hay en toda la tierra, de más de cien pies de alto, de cantería y chapitel, con su relox que no sé en la grandeza y sonido*

deba nada al de Benavente. El buen bachiller sufría de nostal-
gias por la torre de su aldea, de la que no separaba el corazón
y el entusiasmo muchas leguas.

* * *

Quizá se sabe que la torre la levantaron los señores de Val
de Corneja por el escudo que se asoma en la esquina del Aquilón. Pero ignoro quién de la Casa de Alba levantaría un caserón
que da a la plaza y al que en tiempos de sumisión y benevolen-
cia se le dio el generoso y exagerado nombre de palacio.

—Sí, señor, fue palacio de los gloriosos duques de Alba.

—Ya.

—Fíjese en los capiteles de las columnas que dan a la plaza.
El de la columna que está junto al *encerraero* tiene un relieve
con una cabeza de enorme boca. Y el de la del centro tiene un
hombre desnudo.

—A lo mejor es una mujer...

—Pues... Pero lo que sí es seguro es que está representada
la sensualidad y, en la columna de más abajo, la pereza y, en la
otra, la murmuración. ¿Qué le parece?

El caserón de los duques pasó a carnicería, a teatro, a cuartel
de la Guardia Civil, a teatro, a Centro Cultural Recreativo, a
cine barato.

* * *

CUANDO VINIERON REYES

La gente se pone orgullosa con la visita de los reyes.

—Por aquí pasaron Don Juan II, Alfonso XIII y el Generalísimo Franco.

Don Juan II, el que quitó las tierras al pobre infante don Enrique por haber salido el muchacho espabilado o vaya usted a saber por qué, visitó La Alberca, cuando florecía mayo de 1445, después de triunfar en Olmedo y hacerle gracias a Nuestra Señora de la Peña de Francia.

—El buen rey se quitó el balandrán, que era de hilo de oro sobre raso carmesí y lo regaló a la Parroquia para que hicieran una casulla.

La casulla se ha conservado, perdida por las arcas viejas de la sacristía. Actualmente puede verse en el pequeño Museo Parroquial.

En los pueblos donde los reyes han sido tan queridos como expuestos a ser convertidos en picadillo, la gente recuerda con nostalgia las pequeñas gracias de sus reales majestades.

—Buen Señor debía ser el Rey.

La visita de Alfonso XIII está más cerca de la añoranza.

Los viejos recuerdan el perfil del Rey, el pueblo hecho una corte pequeñita y llena de color, la alegría y el entusiasmo del 25 de junio de 1922.

Y quien más quien menos presume un poquito.

—En mi casa del Solano, en el número 5, se hospedó su Majestad.

—Y yo vestía el traje de vistas con otras amigas. Y media

docena se pusieron de manteos, que cuatro aún viven. Y su Majestad nos admiraba y sonreía.

El rey venía de pasar el alma por la desolación de Las Hurdes, de prometer unos remedios que han llegado y otros que no llegarán. Descansó en el silencio de las Batuecas, entre frailes penitentes, y se bañó en un remanso del río, seguramente para que después mucha gente haya sentido el orgullo de contar que se han bañado en El Charco del Rey. Haciendo caracoles con los caballos por la empinada cuesta de Las Batuecas, pasaron a La Alberca el rey y su séquito por el Portillo de la Cruz, donde eran esperados por un grupo de albercanos con mulos enjaezados.

—Apunte usted que el Rey dijo del Alcalde, que en paz esté, que tenía tipo de Gobernador.

—Recuerdo bien al tío Platero; más bien tenía tipo de Corregidor...

Los albercanos quisieron hacer olvidar al rey las malas horas de Las Hurdes. Y todavía se acordaron de la Reina que estaba en Madrid, y le regalaron flores y paños típicos. El Rey, después de dormir tranquilamente, concedió a la Corporación Municipal el título de Ilustrísima, de lo que todo el mundo se ha olvidado.

Para que el acontecimiento quedara eternizado en mármol, el diputado señor Bullón remitió una lápida que se perdió durante la República y que ahora mi cuñado Jopero —cronista de *El Adelanto*— ha encontrado en el trastero del Concejo. Hoy ha vuelto a lucir en la fachada del Ayuntamiento:

S.M. EL REY
DON ALFONSO XIII
VISITO ESTE PUEBLO
EL DIA 24 DE JUNIO DE 1922
SIENDO ALCALDE D. JULIAN SANCHEZ
Y DIPUTADO A CORTES POR ESTE DISTRITO
D. ELOY BULLON, MARQUES DE SELVA ALEGRE

El paso de Franco lo recuerdan los niños. Entre la edad de Alfonso y la de Franco han pasado muchas cosas, han crecido largamente las carreteras, han aumentado los coches y la prisa. Franco pasó en automóvil. De la caravana de Franco no quedó en La Alberca más que un recuerdo de muchos coches rápidos y con polvo, con un polvo que ni siquiera era dorado para que pudieran presumir, dentro de unos años los abuelos contándole a los niños:

—Cuando vino Franco...

Franco pasó por La Alberca a visitar, como buen padre de familia, los hijos desgraciados de Las Hurdes, todavía hijos y desgraciados.

VISITA DE SANTOS

Es raro el pueblo español que no tenga en su recuerdo la presencia de algún gran santo o, a lo menos, de algún santo mediano del que hacer lenguas y milagros.

La Alberca se pone en devoción para hablar de San Vicente, aquel fraile dominico que vino antaño a La Alberca como bajan hogaño otros frailes de Santo Domingo que pasan los veranos en el Santuario de la Peña de Francia.

El Bachiller González de Manuel, memorión y clerical, dice a veces cosas muy buenas:

En aquel año de mil cuatrocientos y doce vino aquel Angel del Apocalypsi, Apóstol de Valencia, gloria y honra de nuestra España y de la Orden de Predicadores, San Vicente Ferrer, a Salamanca, y se llegó a predicar a este lugar. Hízolo en un púlpito de madera, que se guardó en la Hermita de San Sebastián muchos tiempos. Y aún en los nuestros ha avido personas que

*lo vieron, y la injuria de los tiempos le ha deshecho, que no ay
del el día de oy más que la memoria* [1].

El Bachiller escribía en 1693. Hoy, naturalmente, no queda
ya ni eso de la memoria salvo en alguna viejecita memorable y
en algún que otro curioso que lee libros que nadie acostumbra
a leer.

—Unos dicen que se hospedó en la casa de Las Lanchas y
otros, que en la del número 2 del Llanito.

Como las casas no presumen tanto como los hombres, no
se puede saber si el Santo se hospedó en la casa de Las Lanchas
o en la del Llanito, o en las dos, o en ninguna. Aunque esto
tampoco tiene demasiada importancia...

*   *   *

Veintidós años detrás de San Vicente, llegó a La Alberca
un venerable varón francés llamado Simón Vela, el que se había
de topar, en los riscos más altos de la Sierra, con la más gentil
y morena Serrana, Nuestra Señora de la Peña de Francia.

De la casa que habitó el agraciado francés sí que tenemos
noticias por el locuaz y santo orgullo que manifiesta don Lucia-
no del Puerto:

*...Y se aposentó este virtuoso varón en la casa donde al pre-
sente vive Lorenzo Lozano, junto a la fuente que llaman del
Chorrito, adonde yo me crié, y nací. Y no es passión ni exage-
ración, sino verdad inmemorial y auténtica. Y los de aquel
Barrio y plazuela, de las principales, nos tenemos por muy di-
chosos en aver tenido huesped tan virtuoso, y santo, que me-*

---

[1] Thomas González de Manuel: *Verdadera relación y manifiesto
apologético de la antigüedad de las Batuecas y su descubrimiento, compuesto por el bachiller...* Madrid, 1693, otra edición Salamanca, 1797.

*reció que la Madre de Dios le buscasse ó alumbrasse, para su
descubrimiento, en reinos estraños, y viniese á este lugar á in-
formarse para una empresa tan alta, como buscar, y hallar a la
que es Madre de la Gracia, en su Santa Imagen de la Peña de
Francia. Durmió, comió, y bebió en dicha casa por algunos días,
y en ella ay un aposento, que hasta el día de hoy dura, y se
llama, el Aposento de Simón Vela: y ay una Cama de Madera
encaxada, de las antiguas, donde dormí en mi niñez en compaña
de una mi Abuela[1].*

Uno ha visitado la casa de Simón el Francés, junto al Chorrito. Pero al catre de madera lo comieron las polillas, y el aposento ha sido adecentado con ingenuo señoritismo.

EL PENDON DE LAS MUJERES

Por aquí, por Salamanca, parece que las mujeres son de armas tomar.

Cuando las tropas de Aníbal andaban de saqueo, en la ciudad del Tormes, las guapas doncellas del cantado río cortaron
de mala manera las entretelas más íntimas a un montón de soldados cartagineses, con las tijeras con que hacían el sueño de
sus vestidos de boda.

Las hembras de la Sierra, que siempre tuvieron fama menos
grata y más bravía, no iban a quedarse en menos. Y la ocasión
les vino por esos desarreglos de familia entre Isabel la Católica
y la Beltraneja, allá por el año de 1475.

---

[1] Thomas González de Manuel: *op. cit.*

No es seguro si los portugueses querían ayudar a la Beltraneja o fastidiar a Fernando V. Pero les venía bien echar alguna carrerilla con sus ligeras y pequeñas jacas por tierras de Ciudad Rodrigo, y llevar lo que bien se pudiera.

En una de estas salidas llegaron hasta La Alberca.

—Tuvo que armarse gorda, pero que *mu* gorda.

—Sonada, sí señor.

—Campanúa... ¡Hala, hala, bebe, que las mozas de la tierra bien lo merecen. *Güena* sangre llevamos, *güena, güena*!...

—Buena, sí señor.

Mi interlocutor es orondo y se siente satisfecho. Se limpia el vino de la boca con el dorso de la mano y pone la jarra entre las piernas abiertas, más abiertas que las de un sapo lírico.

—¡Me *caiso* en brena! Tuvo que haberla gorda en Las Matancias.

Las Matancias fue el lugar del combate. Las Matancias es un nombre que suena a sangre y carne en revoltijo. Las Matancias son hoy huertos fecundados con sangre portuguesa.

—Oiga, amigo. Acabo de leer que las mujeres atacaron por la espalda a los portugueses cortando la retirada a la caballería.

—¡Me *caiso* en brena y en los escribanos! ¿Por *ande* iban a atacar? Las mujeres atacan siempre por la espalda. Hala, bebe.

El pendón es rojo y lleva bordadas las armas del Prior de Ocrato. En el damasco rojo se advierte sangre antigua. El estandarte portugués se conserva en el museo parroquial.

—En memoria de esta valentía de las albercanas es por lo que el Ayuntamiento da el trago el Lunes de Aguas.

Al Duque de Alba le debió caer bien el hecho femenino y

firmó y selló una provisión para que se diera al pueblo una cumplida colación una vez al año.

GUERRA DE LA INDEPENDENCIA

A los albercanos les ha gustado el teatro largamente. Y acostumbran a elegir, con regular manía, temas de guerra francoespañola, en que vencen, —¡naturalmente!—, entre el regocijo, el aplauso y hasta la ayuda de los espectadores, los españoles. Los pobres franceses salen siempre malparados en el teatro popular de La Alberca.

Estas comedietas de aficionados ingenuos, con rimbombantes finales patrioteros, me llevan a pensar en la existencia subconsciente de pequeña revancha a malos tiempos que se sufrieron.

Desde la gesta de las Matancias hasta la guerra de la Independencia habían pasado más de 300 años, tiempo sobrado para que las mujeres se hicieran más refinadas y medrosas. Se dice que los albercanos bajaron a sus hijas y mujeres al santo desierto de Las Batuecas, donde el padre Cadete gozaba de santidad.

—¿No será un cuento piadoso, señora?

—Jesús, Dios le perdone. El padre Cadete era un santazo.

—Seguro, señora.

—Cuando fueron a ver su sepultura, estaba su cuerpo como cuando lo enterraron. Pero soplaron y se deshizo.

—¡Qué cosas!

—Cuando veía bajar por El Reventón de Mahoma a los franceses, se ponía a decir la misa con tal devoción que no se acercaron nunca los invasores al convento de Las Batuecas.

El 5 de enero de 1810 aún comunicaba desde La Alberca
el Marqués de Santa Cruz; pero es seguro que el 11 ya estaba
el pueblo en poder de los franceses.

—¿No dice usted nada?

—¿Cómo?

—¿Que si no le parece milagroso lo del padre Cadete?

—Ah, sí. Admirable.

—Pues otro día, cuando bajaban los franceses a saquear el
convento, se levantó una espesa niebla del valle, ocultándolo
a los soldados.

—Admirable, desde luego...

—Eran malos los gabachos. Rompieron el catre de Simón
Vela. Y saquearon el Santuario de la Peña de Francia, y tomaron presos a los frailes.

Los albercanos se vieron obligados a dar de comer y beber
a franceses y españoles, según soplaba la victoria. Comieron y
bebieron más los franceses porque los españoles, probablemente,
eran menos. Lo que de cierto podemos asegurar es que a los
albercanos no les fue tan bien como con los portugueses, aunque
los amantes de su pueblo cuenten algunos motines y bravuco-
nadas frente al invasor. Lo que inflado en las tablas por una
mediana imaginación sirve para dejar en ridículo a oficiales y
soldados franceses, quienes, después de querer más o menos bien
a alguna bonita serrana y ser burlados, sucumben como moscas
ante el entusiasmado público. Entre el público siempre se encuentra algún turista francés que saca fotos a los lugareños convertidos en actores apasionados.

—¡*Magavilloso, vegdadegamente magavilloso!*

—Lo verdaderamente maravilloso es vivir a siglo y medio
de Napoleón.

EL CRISTO QUE SUDO SANGRE

Recoge el padre Hoyos [1] una nota de las biografías de *Albercanos ilustres del siglo XVIII* en la que se asegura que

*Se halla una apuntación en el respaldo de la Cruz de un
Santísimo Cristo de madera, que tuvo el señor don Manuel Pérez Calama, Presbítero de este lugar, la que a la letra dice así:*

*I. H. S. En el año de 1655, a 6 de septiembre, entre las tres
y las cinco de la tarde, y el día siguiente por la mañana, sudó
el santo Cristo en este lugar de La Alberca. Y dicho año se hizo
esta cruz y casa. Y por ser verdad lo firmé; a 21 de septiembre
de 1659 años. Antonio de Velasco y Piés. Y en el pedestal dice
así: año de 1655.*

Los albercanos están seguros del milagro no porque se afirme
como verdad en el respaldo de una cruz, sino sencillamente porque sí, porque no dudan ni pueden dudar nunca.

—Se nota la sangre en la imagen.

—No se ve bien...

—¿No se ha de ver bien? Baja desde el costado hasta la uña
del pie.

—Sí, puede que sí.

—No es pintura. Es claro que no es pintura.

—Claro.

Los hombres y mujeres de La Alberca defienden con orgullo
el milagro. Aunque parece que no llegan a acuerdo sobre la

---

[1]   P. Hoyos: *op. cit.,* pág. 106.

persona agraciada por el sudor ensangrentado del Santo Cristo:

—El Santísimo Cristo sudó sangre ante una peregrina que subía al santuario de la Virgen de la Peña de Francia.

—No fue peregrina, mujer. Era un peregrino.

—Peregrino habría de ser... Sudó el Santísimo Cristo ante una devota mujer que oraba ante su Majestad.

—Que no, que... ¿Qué opina usted?

—Hombre, yo...

—Diga lo que quiera. Estoy segura de que la vidente fue una devota peregrina.

El día 6 de septiembre, dos días antes de que hombres y mujeres se postren ante la Reina de Castilla en el Santuario de la Peña de Francia, los albercanos se arrodillan en redor del Santo Cristo, cuando baja el *Angelus* y la noche de la torre de piedra. El cura y el sacristán cantan Completas. Suena el órgano y los cofrades se mueven lentos en sus capas negras mientras dicen el Miserere. Alguna abuela suspira a media voz.

La cofradía del Santo Cristo está formada por 33 hermanos que ingresaron por rigurosa votación.

A los pies de la imagen poderosa, severa y bella, que pudo esculpir Berruguete o Juni, se ve un cuadro al óleo de la Virgen Doliente, de suave colorido y expresión.

Y más abajo, en el sagrario del altar, dentro de un relicario de plata, se guarda avaramente un trocito de espina que, según la auténtica del Cardenal Ottobono, perteneció a la Corona de Jesucristo. Parece ser que fue donada por un dominico de La Alberca, el padre Carlos Lozano. Lozano y Ottobono son dos apellidos garridos, dignos del mayor crédito.

En el mismo relicario hay un pequeño trozo del roquete de Benedicto XI.

HOSPICIO Y HOSPITAL

Cuando el padre Cadete subía a La Alberca, habitaba un Hospicio que los Carmelitas de la Provincia de Castilla la Vieja tenían en el lugar.

El hospicio es una casona grande que mira a la calle de la Petalla, calle estrecha como filo cortante.

La casona del hospicio tenía alguna celda, oratorio y huerta con pozo y cruz de piedra. Pero hoy, donde los santos frailes se daban disciplinas, cocean y rebuznan los mansos animales que ayudan al hombre a traer la leña y los frutos que le gana al campo.

Sólo el nombre y un escudo de la orden carmelitana, en piedra de granito, recuerdan mejor tiempo.

*   *   *

El Camino de Santiago también pasaba por La Alberca.

El Camino de Santiago, en aquellos siglos lentos en que se sentía placer y temor corriendo en devoción y aventura los caminos, pasaba por todos los pueblos de España, por casi todos los de la adormilada Europa.

El Camino de Santiago a Guadalupe, o de Guadalupe a Santiago pasando por la Peña de Francia, tenía 12 camas en La Alberca, en un Santo Hospital en el que dormirían tan contentos los peregrinos, y donde se arrebujan ahora inútilmente contra el frío, cuatro pobres pobres y algún hojalatero que le conoce a España todo el lomo.

Heredó el Hospital de los albercanos, de los Obispos de Coria, de los Duques de Alba, de los mismos reyes. Poseía algunas tierras en Las Hurdes, quizá porque La Alberca de aquel tiempo tenía más tierras en Las Hurdes que los propios hurdanos. Hoy no queda a La Alberca fuera de sus linderos locales más que algún olivar solitario, y al Hospital, una Inscripción Nominativa de Beneficencia al 4 % anual que produce 36 pesetas ridículas.

En lo alto de la fachada medianamente enjalbegada del lóbrego Hospital, bajo un tejadillo breve y roto, hay una cruz grande de madera que ha ennegrecido el tiempo. Ante la cruz, cuelga de una gruesa soga de esparto un farol curioso y aceitado que, al anochecer, a veces se acuerda alguien de encender.

COSAS DE BRUJAS

No he tenido fortuna de toparme con brujas en La Alberca. Las brujas son sutiles, astutas como mujeres viejas, y no se asoman a la curiosidad del hombre fácilmente.

No puedo asegurar que haya brujas en La Alberca. Pero tampoco me atrevería a afirmar lo contrario. Más bien creo que las hay, que el escenario ensimismado bajo misterios lunáticos o luces de tormenta está exigiendo brujas, inefables brujas de nariz afilada y ojos chiquitines.

He acudido a una vieja, muy vieja del lugar, porque estaba seguro de su experiencia en estas cosas. Y hemos hablado de brujas, frente al cálido misterio del hoguero de la humosa, de la penumbrosa, de la misteriosa cocina, y me ha asegurado que aún hay brujas, que antes había muchas más brujas:

—*Andinantes* sí que había brujas. Se barruntaban en las

capullinas de los castaños, porque las castañas quedaban *hollecas* en los árboles.

La verdad es que he llegado a pensar, cuando la luz de los leños iluminaba el perfil de la vieja y el de su rueca y hacía vacilar sus sombras en la pared, que estaba ante una bruja, una vieja y redomada bruja que buscaba engañarme:

—Las brujas acaparan hechizos tendiendo una servilleta blanca en el campo a las doce de la noche de San Juan de junio. En la servilleta caen coquillos que son hechizos que se echan a quienes se quiere influir. La persona influida tendrá una *escuarajaura.*

—¿Cómo dice?

—Estará *escuarajao.* A consecuencia de un asco se chazan los humores y aparecen bellotones por todo el cuerpo, especialmente en brazos, piernas, espalda y cogote.

Advierto como si una reacción psíquica estuviera removiéndome las corrientes humorales.

—Al *escuarajao* hay que estirajarlo con frotones y masajes para deshacerle los bellotones.

Inevitablemente busco sobre la mesa una servilleta con coquillos. La vieja lo ha advertido sin levantar los ojos de la rueca:

—A los hombres no les pueden hacer nada las brujas.

Disimulo:

—Oiga, señora. ¿Está segura de que es en la noche de San Juan cuando salen las brujas a buscar maleficios?

—Segura. Pero si el día de San Juan deja el cura el misal abierto, la bruja no podrá salir de la iglesia hasta que no se cierre el misal.

—¿Y por qué persiguen las brujas solamente a las mujeres?

—Manías. Pero la mujer que se ve perseguida por *las malas* puede liberarse colocándose una rama de *candorga* alrededor de la cintura, debajo de la camisa.

A pesar de cierto temor, uno presume de valiente:

—¡Ya me gustaría ver a una de esas brujas!

—Pues parece que está usted *amesentao...*! No es difícil descubrir a las brujas. Se coge agua bendita, al alzar la Hostia, en un puchero con tapadera sin estrenar, y se pone a cocer. Si entra la bruja cuando está cociendo y levanta el puchero, ella es auténtica bruja, aunque ya no tiene peligro.

Estaba seguro de que la vieja era una bruja. Se tambalea la llama del hoguero.

—O sea, abuela, que las brujas no han nacido sino que se han hecho.

—Las brujas no nacen, pero se transmiten los embrujamientos. La que es bruja, pide, al morir, la mano de los que están a su alrededor, para transmitir su poder.

La vieja bruja no me ha querido decir más. Pero yo estoy bien enterado de que debe dársele a la bruja moribunda la mano de un mortero. Esa mano andará sola, y es necesario quemarla para que pierda su influjo.

Y hay también otro remedio eficaz contra las brujas que están en plenas facultades. Para evitar que entren en una casa, basta dar vueltas alrededor de ella, diciendo a cada paso:

> *Quinta con quinta,*
> *San Juan Evangelista,*
> *alrededor de mi casa,*
> *tres veces quinta.*

Por lo que recordándolo, me he puesto en pie y he comenzado a girar aprisa, muy deprisa, en torno de la vieja, en torno del hoguero, entre la *escuilla* y las tizneras, tropicando y gritando:

> *Quinta con quinta,*
> *San Juan Evangelista...*

Un gato flaquísimo enarca el espinazo y da un salto de pasmo. La vieja chilla, no sé si disculpándose o amenazándome:

—¡Durmiendo con un gato se cura la tisis!...

UN ESCUDO QUE DABA PARA VIVIR

*Cuando no tengo lomo
de todo como.*

(Refrán popular castellano)

BORDADOS

La Alberca vive más del siglo XVI o XVIII que del XX. Pero lo triste es que con restos de aquel tiempo no hay quien engorde.

Al viejo escudo de La Alberca le van borrando los días las figuras que dieron para llenar el arca y el estómago de muchas generaciones de albercanos. En el escudo de La Alberca campea un gran castaño que cobija un devanador de lino y un corcho de miel. La agricultura y la industria hicieron ricos a los albercanos que iban y venían abriendo caminos con sus recuas, más largas que un tren de mercancías. Pero el tiempo ha corrido y los mulos de La Alberca jadearon hasta quedar en los atajos con el pecho roto, en un esfuerzo inútil de mantener ventaja sobre los camiones.

La salida de madera y no sé qué enfermedades extrañas han mermado la sombra del castañar, que no cobija lino ni apenas miel.

En antiguos linares del valle de Leras y del *Arró L'Alberca*
se encharcaba el lino del que los tejedores albercanos sacaban
las camisas de hombre que pesan a reciedumbre, las sábanas anchas de las novias, los paños rectangulares sobre cuyo grueso
tejido ponen aún las mozas bellísimos bordados entreteniendo
las esperas del corazón.

De los cuarenta tejedores de lienzo del siglo XVIII queda
uno a punto de morir. *Se inventó en este lugar el texer labores
que llaman alemanisco y Real de dos pies.* Se inventó, y casi se
ha olvidado porque ya no se macera lentamente el lino.

La tela de bordar es el lienzo casero, lienzo entre moreno y
marfil viejo. A causa de la muerte del linar se busca y se rebusca
en los arcones el tejido antiguo, en cuyo fondo grueso y áspero
luce más el labrado.

Sobre el lienzo real, modalidad ennoblecida del casero, es
difícil bordar, y se adorna con aplicaciones.

En los paños de pared con que se adorna la casa, en los pa-
ñizuelos que cubren el palmero de las ofrendas, en los paños
para pulir los balcones en los días grandes del Corpus y de la
Asunción, en las colchas que las novias muestran con orgullo a
sus amigas, las labranderas bordan hoy los mismos motivos que
bordaban sus abuelas: motivos geométricos, motivos de fauna
y flora, motivos heráldicos.

La fauna de las labranderas es pobre y curiosa: águilas, gallos, pájaras, pollas, truchas, unicornios, ciervos, leones... Los
leones pasantes enfrentados y el águila de dos cabezas son motivos muy queridos porque llenan bien los centros de los paños.
El águila bicéfala y la trucha caen bien en las esquinas; el león
rampante en las cenefas. Los animalejos suelen mostrar al exterior un corazón simbólico, y las leonas, a veces, un cachorrillo
en el seno y otros dos mamando en forzada posición.

Las crestas, las lenguas, las crines, las colas de los animales elementales se ahilan y retuercen, enlazando con flores y corazones, uniendo la fauna con la flora.

La flora se desborda en ramos y hojas, haciendo fondo a los animales la clavellina, las guindas, el escaramujo, la rosina, la dedalera, los faroles del sepulcro. Raras veces la flor es motivo central, siendo preferido el clavel, solo o en un búcaro o jarro, al que quizá también le queda en las afueras, por una constante sentimental serrana, el corazón.

El color de las figuras es brillante, cálido, elemental. En los bordados más antiguos, para los que se usaba estambre fino, hacían contraste el rojo y el negro conjugados con el azul turquí, amarillo de oro viejo y verde esmeralda. Posteriormente se ha usado hebra de seda dominando el color asalmonado y apagando el rojo de fuego con azul cobalto, amarillo dorado y verde hierba.

Las mozas en edad de merecer conocen bien los puntos básicos: punto de lomo, punto de media yema y punto al bies. Y también sus derivados, a los que, en su edad de ensueño, han puesto nombres tan bonitos como los del grupo del punto de lomo: la puntadina, ladrillo, ladrillo contrapeado, ojito entero, ojito partido, ojito calado, espina sencilla, espina doble... [1].

Admirando estas graciosas y encantadoras figuras primitivas de los paños de La Alberca, ha venido a la memoria el dibujo tosco de su escudo, del que muy pocos albercanos se acuerdan. Y así viene luciendo el pelo...

De las viejas industrias que dieron de vivir al pueblo, queda sólo el turrón de miel, los embutidos de cerdo, el cisco y el car-

---

[1]   Quien tenga interés por más detalles puede encontrarlos en: L. González Iglesias. *El bordado popular serrano*. Salamanca, 1952.

bón ganado al monte por la gente más pobre, enjambres de abejas y bordados bellos y extraños como cerámica de Talavera.

La gracia de La Alberca, y su peligro, y hasta su tristeza desganada, está en haberse varado tantos años atrás.

EL RICO TURRON Y EL RICO CHORIZO

En mis días de estudiante, cuando diciembre afila cuchillos de pulmonía en las esquinas de las calles de Salamanca, las turroneras de La Alberca se arrebujan con su mantón y sus sayas, se arriman contra una pobre estufa hecha con una lata de sardinas, y ofrecen turrón:

—¡Al rico turrón de La Alberca, que no tiene *mezcra* alguna!

El turrón de La Alberca no tiene malas mezclas. El turrón de La Alberca se hace hoy como antaño, dándole vueltas a la miel, a las nueces y a las claras de huevo en calderos gigantes, al lento fuego de troncos de castaño. El turrón de La Alberca gusta a los niños, porque la miel requemada se estira como una goma dura y pastosa entre los dientes.

El turrón no salva nada, aunque endulce momentos. La venta del turrón quizás no sea más que una vieja costumbre de peregrinaje femenino, de ir y venir de feria a feria manteniendo, con las sayas negras, con los hilos de oro que atraen las miradas a los pechos, con las balanzas de platillos de metal y cadenillas tintineantes, una estampa sabrosa para un fotógrafo de antigüedades.

De feria en feria van también los hombres, la media docena de chalanes de La Alberca que compran mulos y jacas en Galicia y los venden en Extremadura, comprando en esta última los cerdos que venderán a los choriceros de La Alberca.

Los choriceros de La Alberca son también vagabundos, como las turroneras y los chalanes. Los choriceros de La Alberca van por las ciudades de España con un jamón serrano que sabe a gloria, con unos embutidos para paladar de señoritos.

El invierno albercano huele a sangre de cerdo derramada a diario. Y uno quisiera que oliera más aún, porque, al fin y al cabo, ese animalucho feo, tan mal-tratado como el humilde asno, y al que llaman puerco, da mucho de comer al hombre.

Ahora hay en La Alberca una fábrica y una Cooperativa Chacinera en la que apenas se entiende alguien, porque los albercanos son individualistas y prefieren ir con su cestillo de turrón o sus grandes alforjas llenas de chorizo por las puertas de España como hacían sus abuelos.

Los abuelos conocían el lomo de la geografía española palmo a palmo, o mejor, pie a pie. Porque a pie hacían los caminos en los buenos tiempos de arriería.

La arriería albercana fue tan importante que el mismo rey Felipe, en 1591, ordenaba que no se cobraran portazgos ni se cargase *sisa* en la cebada, sal y paja, a los albercanos ni a las personas que enviasen con sus recuas. De estos modos de vivir se ha seguido la tradición local de dar en dote al novio, cuando se casa, un mulo con su carga de frutos campesinos.

No conviene echar por la ventana los modos de vivir y las maneras que el hombre ha hecho a fuerza de tiempo y de equivocaciones. Y en La Alberca hay un refrán que va al olvido: *Quien en La Alberca rico quiera ser, en cabras y colmenas ha de entender.* Las nutridas piaras de cabras meditadoras y de cabritos alegres como chiquillos, están desapareciendo por medidas de orden técnico. El ordeño de las majadas, que llenaba de ale-

gría las tardes de verano, nos queda en el recuerdo. Y a cabra
muerta no hay animal puesto, porque el pueblo, al que le han
roto de pronto una costumbre, tiene pobre imaginación, y quienes dieron la ley negativa no han dado a la muerte algo positivo.

El colmenar aún zumba entre las flores del brezo. No es un
colmenar grande, como el de antaño, cuando La Alberca asen-
taba regiamente doce mil colmenas en Las Hurdes y los caminos, al cambiar la estación, se hacían rosario de jumentos carga-
dos de corchos melifluos, que gustaban la tibieza del invierno
extremeño y la suavidad del verano albercano. Dulces atarde-
ceres que cambiaban la flor de la encina por la flor del brezo,
la de la jara por la del castaño. La abeja laboriosa daba miel
de brezo en primavera, miel de encina en otoño, y aún regala
algo de cera y miel. Miel para el turrón local, cera para las velas
íntimas que hoy hace, casi como aburrido, un único cerero en el
lagar antiguo que daba luz a todos los santos y a todas las
ermitas.

El lagar de cera se hundió con el telar, antes aún que el telar
del lienzo blanco. Y las velas de la gloria albercana se apagaron.

Languideció la industria, la pequeña industria tan amorosa-
mente familiar con la que tenía el pueblo suficiente y aún so-
braba. Mermó la agricultura, perdida la posesión de las parras
del Soto, del aceite de Las Hurdes, de las tierras de pan llevar
de la Armuña, enfermando el castaño, siendo talado el potenta-
do nogal. Quedarán sin rebaños los montes y las carnicerías.
La Alberca busca el pan de cada día trabajosamente, quitándose
los viejos anillos con que adornó sus dedos de rica-hembra.

De los tiempos en que fue matrona y parió Las Hurdes y
dio vida a los valles de la Sierra de Francia, quedan en los hon-
dones de las arcas algunos trajes tan hermosos que dan ganas
de llorar, algunas joyas y utensilios que dan envidia a los nue-

vos ricos de este siglo. Y solamente cuando la tradición pone repique de gran fiesta en las campanas y en el parche del tamboril, visten y viven los albercanos el engaño de un día de viejos potentados.

PINTORES, CINE, VERANEO

Sorolla se entusiasmó: *La Alberca es el pueblo donde aún no ha puesto su planta la antiartística España del presente, la del horrendo pantalón de pana.*

Desde que Sorolla anduvo sacando los colores a las callejas de La Alberca, allá por el 1912, para satisfacer al hispanófilo americano Mr. Huntington, ha llegado la pana a vestir de payasos a la gente pobre.

En La Alberca se ha perdido el traje que ponía gozo en las callejas pizpiretas, pero no se han perdido las callejas.

Hoy más que ayer vienen pintores a La Alberca. Y, desde junio a octubre, mientras el sol pone alguna tibieza en las frescas calles, se ven a diario caballetes españoles, franceses, belgas, alemanes, portugueses, japoneses...

Los pintores han tomado, hace media docena de años, una columna de la plaza para escribir su firma, para dejar constancia de su paso por La Alberca. Sobre el granito oscuro de la columna quedan nombres de muchos amigos, de muchas chicas que van dejando belleza e ilusión en rectángulos de lienzo.

Años antes de que el óleo fuera escribiendo nombres en la piedra cilíndrica, pintaron en La Alberca artistas o los que hace recordar la fama: Sorolla, Kurt Leyde, Vázquez Díaz, Agustín Segura, Amadeo Roca, Bourdil, Ismael Blat, Guerrero, Lys, Valverde, Lázaro, Rodríguez-Acosta, Molina Núñez, Pastor Calpena, Alvarez del Manzano, Remigio, González Ubierna, Julián Hernández, Villar, etc.

En la columna hay nombres que van abriendo camino: Barcala, Ribera, Merino, Moreno Tamames, Orejudo, Mayoral, L.-Díaz, Yusta, Visconti, Mulas, Lili Escrivá, Bibi, Polanco, Requejo, Mather, Edith James, Ysselqijk...

La Alberca, entusiasma, desazona, levanta la inquietud del pintor. El desequilibrio de las casas, el encuentro difícil con la sobriedad gris del color, la misma anécdota, ponen en naufragio a pinceles poco sensatos.

Manzano ha trabajado meses enteros en el más hermoso silencio de España. Blat hizo su estudio en una ermita. Mari Tere Barcala es la primera albercana que realiza estudios en la Escuela Superior de Bellas Artes de San Fernando.

El caballero francés Maurice Legendre, que reposa en la iglesia de la Peña de Francia, traía de Madrid, siendo Director de la Casa de Velázquez, alumnos franceses, como trajeron los señores Alcántara a los de la Escuela de Cerámica de Madrid o Manuel Gracia a los de Artes y Oficios de Salamanca.

La Alberca adoptó por hijos a don Mauricio Legendre, a don Jacinto Alcántara, al arquitecto González Iglesias, al Gobernador Pérez Villanueva.

Quizá por la propaganda pictórica llegó el mundillo del cine a poner reflectores, maquillajes y otras historias en la plaza y calles de La Alberca: *Boda en Castilla, La Pródiga, Sangre en Castilla, Marcelino Pan y Vino, El Lazarillo de Tormes, El Valle de las Espadas,* tienen sabor de vieja humanidad albercana.

También la zarzuela halló tema y lugar en La Alberca. Y nació *Peñamariana* por gracia de Romero y Fernández Shaw, enjoyada con música de Guridi.

Y han llegado los poetas: Dámaso Alonso, Gerardo Diego, Valverde, Torroella, Crespo, Oliver, Carmen Conde, Corbalán, Carranza, Ungaretti, entre otros. Antes anduvo Unamuno. Más tarde, Cela. Largo tiempo ha parado Garciasol, Hilde Domin, Erwin Walter Palm.

Con el sol de mayo vienen turistas y con el de junio, veraneantes.

Los veraneantes son gentes de buenas costumbres a quienes viene bien el aire y agua fresca de La Alberca, o intelectuales que desean silencio y paz en sus vidas.

Los veraneantes se amasan con el pueblo en vivir grato y pasajero, en unión favorecida seguramente por la suavidad casi cariñosa del ambiente de julio y por la apertura cordial de las fiestas patronales de agosto.

El verano de La Alberca es sencillo, silencioso, más bien humilde, como piensa uno que debieran ser todos los buenos veraneos que hagan olvidar la prisa, la lucha, el egoísmo pequeño del resto del año.

Los turistas traen cámaras fotográficas, automóviles con matrícula extranjera, modas en el vestido que hacen mal decir a las abuelas de austeras tradiciones. Los turistas son gentes de paso que repiten entusiasmados:

—*Magavilloso, magavilloso. Pego,* oh las moscas!...

Pero, hoy, La Alberca va perdiendo incomodidad y mantiene su retiro delicioso.

Los veraneantes, turistas y pintores se marchan apenas han pasado las fiestas patronales y comienza a hacerse verdad el refrán del pueblo: *Agosto, frío en rostro.* Y es que no saben que el otoño, cuando los albercanos andan los senderos en afanes de hormigas previsoras, trae una Alberca más hermosa, dorada como un pan, incendiada por mil luces lánguidas como el cariño de una abuela.

EXCURSIONES

—*¡Dios te guíe y la Peña de Francia,*
junto con la Trinidad de Gaeta...
(Cervantes.—Don Quijote, II cap. 22)

A LA PEÑA DE FRANCIA

Cuando uno tenía más jóvenes las piernas y más devoto el corazón, gustaba de vencer pechos y atajos a la Peña de Francia, para verse allí con la Virgen y los amigos.

Tiene la montaña esperanza y paz, nieve de febrero y sol de agosto, altura para limpiar pulmones y aumentar hematíes, para restaurar el alma.

Sobre los riscos azules, el perfil blanquinegro de estudiantes dominicos que suben y bajan, leen y sueñan.

Un viejo fraile, ingenuo como Berceo, defendido del sol por la capucha, baja la vista al llano, al llano inmenso que llega más allá de Salamanca. Más allá de Ciudad Rodrigo. Más allá de Béjar, más allá del Pantano de Gabriel y Galán.

—Este pueblín que tenemos a los pies es Sequeros, donde vivió la Moza Santa.

—¿Usted cree que la Moza Santa...?

—Si el hombre no es capaz de sentirse conmovido por una moza santa, ¿qué podrá creer?

La Moza Santa debía ser delicada como las delicadas azucenas que deshidrata el mundo. La Moza Santa decidió evadirse de la vida sin dejar de ser moza ni santa.

La Santa Doncella se moría santamente. Pero, de pronto, recobró el conocimiento, y profetizó el próximo descubrimiento de la imagen de la Virgen. Y murió.

La Moza Santa murió, naturalmente, en olor de santidad. Y sus restos fueron sepultados en la iglesia de Sequeros:

Fue fama que al tiempo que sacaron sus huesos dieron de sí muy suave olor.

En la cumbre de la montaña, es profundo el silencio. Abajo, en el ancho llano, se ven las carreteras acostadas al sol, y los pueblos, dormidos. Uno piensa en la noche, cuando se enciendan los luceros y las diminutas bombillas de los pueblos.

La Moza Santa anunció que aparecerían en el cielo, al crepúsculo de la tarde de la Cruz de mayo, tres luminarias en forma de cruz. Una sobre unas casas próximas a San Martín del Castañar, donde después construirían los franciscanos un monasterio, el de Nuestra Señora de Gracia.

El convento de Santa María de Gracia tiene todavía paz y suavidades gregorianas, rosales franciscanos y aguas frescas que encauzaron los frailes. Pero de aquel convento quedan ruinas sin monjes, piedras en silencio.

Las otras dos señales fueron vistas sobre las rocas en que Simón Vela descubrió la imagen, y sobre las que fue construido el santuario.

Simón Vela era francés de París. Buen caballero.

Se tropezó en Salamanca, en el Corrillo, con dos carboneros serranos y les siguió los pasos.

Simón Vela tiene nombre de leyenda, de voz del cielo que insistía: *Simón, vela y no duermas.* Y Simón veló hasta encontrar la imagen.

Era el 19 de mayo de 1434.

Simón Vela paró en La Alberca en un edificio que, hasta tiempos nuestros, le guardó el aposento y el catre de su sueño. Simón el francés reposa el polvo de su cuerpo junto a la imagen morena en la iglesia del santuario.

—Padre, he oído decir que la imagen de Simón fue robada.

—La robaron porque la querían.

Querían la posesión de la montaña: Sequeros, La Alberca, Mogarraz, los condes de Miranda y los vecinos de Granadilla, los obispos de Coria, de Ciudad Rodrigo, de Salamanca. Todos querían los riscos por donde la Virgen andaba derramando milagros. Fue entonces cuando el rey, quizá para librar el soberano pecho de inquietudes e intriga, entregó el monte y la ermita de Simón a la Orden de Predicadores. Entraron en dominio los frailes dominicos en 1434.

Creció la devoción por la anchura de España. De todos los caminos venían peregrinos, que en el Santo Hospital de La Alberca tomaban fortaleza para subirle a la Peña de Francia los atajos.

Cervantes refrenda —en *La Gitanilla*— el carácter nacional del culto a la Virgen Morena. Y también habla en el Quijote.

Y Tirso, en su comedia *La Peña de Francia.*

Varios reyes confirmaron en el señorío de la Peña de Francia a los frailes dominicos, y en 1521 se puso horca y picota con la ceremonia y la solemnidad del caso, de cuyo recuerdo queda todavía, en el centro de la plazuela del Santuario, un rollo de piedra de granito.

Sin embargo, no acabaron las vicisitudes, principalmente durante la Guerra de la Independencia. Y lo que no pudieron los franceses, lo consiguieron Las Cortes de Cádiz. Otra vez los pueblos entraron a disputarse la sagrada imagen.

Primero la llevaron los vecinos de Mogarraz. Luego, los de Sequeros. Más tarde los de La Alberca. Y así anduvo la imagen por las manos ansiosas y poco pacíficas de los hombres, hasta que desapareció entre las manos de los hombres. Estaban los albercanos en las fiestas patronales de agosto de 1872 cuando les llegó la noticia. Y las mujeres subieron al santuario en peregrinaje de indignación que resultaría inútil.

Vino después mucho silencio por los riscos. La devoción trajo una imagen nueva, en cuyo pecho se refugiaron los restos de la escultura que encontró Simón el Francés.

La Virgen se ha tirado, luego, a los caminos a buscar el corazón de la gente. Ha sido peregrina de Castilla mientras la vieja devoción despabilaba alzaba un nuevo santuario en la cima del monte. Los toreros le han regalado capotes para manto. Los artistas graban en piedra salmantina relatos milagreros. Automóviles y autocares se esfuerzan diariamente en subir peregrinos a los pies de la imagen morena de la Virgen de la Peña de Francia, Reina coronada de Castilla.

A LAS BATUECAS

Por el camino de Las Hurdes, en cuya tristeza le entierran a uno el corazón muchas veces y muchos kilómetros antes de topar con ellas, por ese buen camino que atraviesa pobre tierra se descubren Las Batuecas.

Las Batuecas quedan del lado de acá del infortunio hurdano,

haciendo el valle más gozoso que uno pensara echarse a la mirada. El valle tiene forma de portamonedas entreabierto o de cuenco formado por las manos para beber del arroyo.

El valle es de La Alberca. Haciendo línea recta, el hondón de Las Batuecas no cae lejos, pero hay que darle vueltas al camino, subirle a la sierra un débil pecho de tres kilómetros crecidos, y bajarle la espalda vertical por la que se tuerce y se retuerce la carretera en diez kilómetros de soga abandonada.

El hombro de la sierra, el paso que llaman El Portillo de la Cruz, a 1272 metros de altura, es buen lugar para abrir bien los ojos al contraste. Se ven, al sur, las colinas repetidas de Las Hurdes, redondeadas como montones de arena hechos por niños, un paisaje lunar duro y violento que endulza la distancia con resignada veladura gris. Al norte, el paisaje de Salamanca, ancho y luminoso.

Han cerrado el Desierto al mundano ruido los frailes carmelitas, que fundaron el primer monasterio en 1599, entre cedros y cipreses, heliotropos y crisantemos. Los frailes construyeron 18 ermitas, separadas entre sí para apurar el silencio. Está en los libros de penitencia "la ermita del alcornoque", que ofreció el hueco del árbol al monje. En ella había una tabla cubierta con una piel de cabra y media manta, una cruz, una calavera, tres libros, cilicios y disciplinas. Un agujero servía de ventana. Sobre la entrada, que cerraba una estera, se leía: *morituro, satis*. Para el que ha de morir es suficiente.

Después de la desamortización, de ventas y de compras que talaron los más esbeltos árboles, vinieron monjas a cuidar peonías, violetas, nardos, amarantos, camelias, magnolias... Y, últimamente, han vuelto los monjes carmelitas ansiosos de paz y de silencio a subir la tapia del cercado y cerrar la puerta del Desierto.

Si la puerta del Santo Desierto no se abriera, puede el viajero descansar mojando los pies en el arroyo, y encontrar su paciencia recordando la fábula que inventó Alonso Sánchez, que pusieron en comedia Lope, Pérez de Montalbán y Matos Fragoso, y apareció en el extranjero en la novela de la Condesa de Genlis; quedará consolado.

La leyenda debe comenzar como todas las leyendas:

Erase una vez una doncella y un paje que penaban de amor. Había también un duque, el duque de Alba, que montaba en ira cuando el paje hacía la corte a la doncella, quizá porque el gran duque buscaba también en la doncella andaduras de amor. La amorosa pareja, alumbrada por las esquilas del amor, decidió huir, y huyó de la casa del duque.

No encuentra uno demasiada imaginación para el romance dulce, por lo que es preferible dejar hablar a Alonso Sánchez que da noticias pintorescas y sabrosas:

No teniéndose por seguros en España, se avían ido a unas Montañas distantes de Salamanca como doce leguas que por su asperez no avían sido penetrados de ninguno de sus vezinos que dellos: y que subiendo estos tales por aquellos Montes, pareciéndoles que avian llegado al Cielo, avian descubierto un Valle, y en él unos hombres sin culto, ni ornato del cuerpo, y de lenguaje no conocido sino es algunos términos semejantes a lo de los tiempos de los Godos idólatras, como los Indios, aunque avian hallado algunas cruces [1].

Así quedó descubierto el escondido valle... Y la verdad es que descubrir valles así es deliciosamente bonito y uno siente nostalgia de no haber vivido aquellos tiempos en que andando sólo doce leguas desde Salamanca, se creían los enamorados no sólo fuera de España, sino hasta en el mismísimo cielo.

---

[1]   Alonso Sánchez, *De Batuecis* en: *De Rebus Hispaniae*. Alcalá, 1633.

Aunque estar en Las Batuecas tampoco es mala suerte. Hasta el padre Eusebio de Nieremberg, hombre severo que dedicó su vida a escribir para que adelgazaran sus rostros los hombres de Dios, decía hablando del Paraíso:

Debe de estar en un rincón de España que llaman Batuecas, descubierto hace cuarenta años, y en ellas había Alarbes.

La fábula añadió que habitaban el valle pueblos salvajes que veneraban al demonio. Pero los tranquilos pastores de La Alberca, que apacentaban el ganado en la vega no creyeron tamañas imaginaciones inventadas, según ellos, para hacerles mal. Aunque si el nombre de Batuecas derivara de Vattum, se podría imaginar que en el valle habitaron adivinos que entretenían sus jerigonzas religiosas escribiendo mensajes en las rocas para los espíritus del bosque.

A estos restos prehistóricos, que pintaron nuestros viejísimos padres, se llega después de atravesar el cercado de los monjes, ahondando por donde hoza el jabalí y se devana sola el agua montaraz.

El óxido de hierro de las pinturas ha calado en la piedra, ha hecho carne con la roca, venciendo al borrador del tiempo.

Las pinturas están al aire libre, en la naturaleza que Dios hizo y que el hombre primitivo gastó escasamente.

Las representaciones son sencillas, sin el valor de las pinturas de Levante o Santander. Parecen del período neolítico, aunque las más realistas pudieran ser del paleolítico.

El pueblo conoce a estas pinturas con el apelativo general de "Las Cabras pintás", nombre puesto, sin esforzar demasiado la imaginación, por la abundancia de representaciones de cabras monteses en rojos y blanco, junto a algunos signos extraños y peces blanquecinos, dibujados en la parte inferior del abrigo roquero. Alguna figura humana puede verse en el Canchal del Zarzalón y otras figuras de animales y otros muchos signos con que el viejo hombre buscaba tener propicios a los viejos dioses en la Ermita del Cristo, mirador rectangular henchido de las figuras y trazos más interesantes de todos los grupos del valle, en el Canchal de las Cabras Pintadas, en Las Torres, en el Canchal de Mahoma, en el Risco del Ciervo, en la Umbría de la Ermita del Cristo, en el Canchal de la Pizarra. Los nombres de la piedra son tan hermosos como las representaciones pictóricas. Pero para llegar hasta allí, hay que aguantar los pies y sudar ese agua humana que huele más a barro sucio que a pintura oxidada o a poesía.

A LAS HURDES

Para andar Las Hurdes hay que tener el corazón bien puesto.

Detrás de la delicia del paseo, a unos metros de saltar el arroyo que cruza Las Batuecas, se acaba el valle y los dominios albercanos, y se arrancan Las Hurdes, mondas desde allí mismo como si tuvieran sus raíces una irredenta maldición. Es una mudanza repentina de paisaje: de lujuria a penitencia, de borrachera de placer a dolor de estómago.

Hombres pequeños clavan pinos en la ladera, a ver si le sale a la cara algo del zumo que lleve dentro, si es que lleva.

Baja el camino con el río. Aparecen olivos, humo de carbón, olores cálidos de Extremadura y un pueblo con pizarras del monte en los tejados: Las Mestas.

En las primeras casas de Las Mestas, torciendo a la derecha, puede uno irse a tragar polvo, rojo polvo de mal camino. Junto al camino quedan El Cabezo y El Ladrillar. Poco recuerdo de esta tierra: algunas bocaminas de explotaciones romanas de hierro, estaño y oro, un negro grupo de mujeres sentadas en el suelo mientras la misa del domingo, y un sacristán dando la espalda al cura para empinar las vinajeras.

Tiene Las Mestas cierto encanto. Hay parras como tiestos crecidos dando alguna sombra en las callejas; hay olivos que prometen aceite; hay mozuelas que han aprendido a pintarse sirviendo en las ciudades y que esperan y agradecen esas cosas que esperan y, a veces, agradecen las muchachas en edad de merecer. Hay un asilo para ancianos y un río transparente. Decía Unamuno que Las Mestas era un pueblo para pintar.

Vegas de Coria está en dos barrios, que juntos no harían un barrio mediano. Gracias al Alagón y a un canal de cemento que revienta, por culpa de los hombres, cuando Dios quiere, Vegas de Coria va vistiendo de verde y llenando las alcuzas de aceite.

Seguir la carretera hacia Plasencia buscando Hurdes es perder el tiempo. Por esa carretera queda poco de tierra sin pan. Las Hurdes de verdad se ahogan entre los pliegues de los montes, donde los ríos tienen sus orígenes. Es preferible torcer a la derecha, en el puente de Vegas, siguiendo un camino delgadito que le sigue las curvas al río Hurdano, ver las alquerías solitarias como personajes singulares de una tragedia inútil.

La carretera busca vueltas a los tesos y parte en dos grupos de veinte casuchas al Rubiaco.

Fuera del camino, aunque no muy lejos, La Horcajada y Batuequilla le han querido sacar alguna hermosura a la cara sucia y flaca de Las Hurdes. Pero en la imitación del valle de Batuecas se han quedado en esmirriado y vivaracho diminutivo: Batuequilla. En la Batuequilla se han encontrado, allá por el 1665, unas medallas romanas de plata en las que se leía: *Dibus Parens Trajanus*.

Poco antes de que el río Hurdano beba las aguas al Malvellido, está Nuñomoral. Nuñomoral recibe con mala catadura, se

hace simpático más arriba, donde espabila malos pensamientos
con los motores de dos panaderías mecánicas que ponen pan en
todos los pueblos que esconden, más allá, las colinas. Nuñomoral se hace simpático ofreciendo música de radio de pilas en los
bares o presentando la estampa de unas mozas bonitas que deben
ser hijas de los guardias civiles que viven en un ribazo leve,
entre un puñado de pinos.

En Nuñomoral se hace ancho el río, que dan ganas de mo-
jarse la barriga. En caso de ahogo, en Nuñomoral hay médico,
que atiende todas las alquerías en 10 kilómetros a la redonda.

De Nuñomoral hay pereza para salir. Entre la duda de mar-
char hacia el lado de Casares o hacia el de Fragosa, lo mejor es
ir a uno y otro valle a ver cuál es peor. Porque en la altura de
estas tierras la tierra ya no existe y uno llega a dudar que Dios
haya creado el pan y el vino.

Andando siempre a perderse entre los montes donde nace
el río Hurdano, a mitad de camino entre Nuñomoral y Los Casares, se topa El Asegur, junto al arroyo, que está aquí tan chu-
pado como los huertecitos que se arriman a beberle frescor. En
el puente, más bajo que un montón de carbón que espera ser
llevado a Salamanca, se puede parar uno a comparar el cementerio con el pueblo, y a asombrarse. Queda el cementerio a la
izquierda, blanco y llamativo como una señorita pizpireta. Queda El Asegur a la derecha, sucio y aplastado como el cadáver
de un perro sin dueño.

Buscando la taberna, le corremos al pueblo las callejas. La
taberna es una antigua sala de dormir, en la que aún permanece
algún detalle de intimidad. En la taberna sólo hay vino en jarras
de porcelana desconchada.

Más arriba de El Asegur, hay una fuente en el camino. Las
fuentes de los caminos son una bendición. Para beber sin prisa,
le han colgado al manantío los hurdanos un bote de hoja de

lata con un agujerito en la barriga, dos dedos más abajos del lugar del ombligo. Bajo el chorro delgado de este porrón elemental, deja uno la boca hasta cansarse, para que el agua lave el polvo rojo que va metiendo el camino en la garganta.

Más arriba, en Las Eras, asomándose a un ventanuco, uno de los pocos ventanillos que pueden encontrarse en Las Hurdes, se agotaban dos ramos débiles de flores que crecían en un viejo orinal.

Los Casares ofrecen la sorpresa de tener luz eléctrica [1], una luz vacilante, tuberculosa, que produce un molino en las aguas escasas del río Hurdano. En Los Casares se puede beber cerveza, aunque no mucha. Y vino gordo. Los Casares tiene Centro Cívico y teléfono de pueblo capitalista, regalado por el Gobierno. Los habitantes de Los Casares son proletarios, y el molino de luz y las mejores tierras de olivar pertenecen a La Alberca.

En Los Casares está la parroquia y el ayuntamiento de un grupo de nunca crecidas alquerías. Por una lista por la que se reparte queso y leche de Ayuda Americana nos enteramos de nombres y número de familias: Los Casares, 107; La Huetre, 72; Robledo, 34; Casarrubia, 28; Carabusino, 27; y Las Eras, 21. Por Las Eras pasa la carretera que muere en Los Casares. A las restantes alquerías hay que ir por atajos de burro. Vamos.

Por aquí son Las Hurdes, las tristes, las paupérrimas, las legendarias Hurdes.

Entre Casarrubia y La Huetre encontramos una maestra que se está quedando sin juventud y sin novio en una escuela mixta de casi 80 alumnos.

---

[1] Los Casares fue el único pueblo que tenía luz eléctrica en mi visita de 1961. Al año siguiente han inaugurado en Las Hurdes luz espléndida para todos los pueblos.

Por las alquerías de las fuentes del río Hurdano, por las del Malvellido, por las del Esparabán que va al río de Los Angeles, habitan gentes comidas de roña antigua, la más desgraciada gente de Las Hurdes.

Regresamos a Nuñomoral bajando carretera y sintiendo las jaras que hace sudar el sol. Y de Nuñomoral pasamos a la tristeza del río Malvellido, que es la misma tristeza que la del alto Hurdano. Entre un bosque de pizarras, entre unos pinos que defienden difícilmente de la muerte su primera niñez, se sube al Cottolengo. En el Cottolengo abunda la caridad para 64 enfermos idiotas, que hasta la forma humana tienen sin formar. En el Cottolengo vienen al mundo niños que serán una preciosidad hasta que comiencen a ensuciar manos y ojos sacando carbón a los brezos de la Sierra. En el Cottolengo se da de comer a niños de Fragosa y Martilandrán, a ver si cojen fuerzas. Pero el Cottolengo no es la solución de Las Hurdes, aunque pueda creerlo la maternal madre superiora.

Me apoyo a pensar en las pizarras de un tejado que me llega, como la mayoría de los tejados de Fragosa, de Martilandrán o del Gasco, a la altura de la barbilla. Y hago fuerza con los brazos por ver si consigo hundir este tejado y todos los tejados de los tres pueblos. Porque me he dado cuenta de que la única solución es destruir para siempre estos chiqueros donde habitan el hombre, el cerdo, la cabra, la impureza, la enfermedad, el hambre, en una simbiosis de varios siglos.

Cuando desaparezca el hombre del río Malvellido y de la cabecera del Hurdano, haremos versos a estas pizarras tan descaradamente hermosas, a estas aguas tan pobremente puras, a estos huertos pequeños como pañuelos de nariz. La tierra seca de Las Hurdes y su gente canija nos ha ganado el corazón por el camino de la más elemental misericordia. Por ahora, no hay otro camino.

LAS HURDES Y LA ALBERCA

Las Hurdes es una hija pobre que le nació a La Alberca cuando La Alberca era todavía rica-hembra. Las gentes más necesitadas de La Alberca fueron hundiéndose entre las colinas de Las Hurdes, buscando calor para sus colmenas y pasto para las cabras.

Por un viejo documento fechado en 1326, Granadilla concedía, *pleno iure,* la dehesa de Las Hurdes a La Alberca.

Por la tierra pobre pero ancha, fueron creciendo los pastores. Y surgieron las chozas o majadas elementales que aún perduran en las cabeceras de los ríos, por donde no ha medido tiempo el calendario.

Desde luego no estaban allí los pastores gratuitamente, como puede verse por una escritura otorgada en 24 de junio de 1455, ante el notario de Granadilla, Simón Velázquez, que vive en la Majada de la Muda. Dice así:

...E por me quitar de los dichos pleitos e contiendas, e por me haber bien, con toda paz e concordia con dicho Concejo e homes buenos de la dicha Alberca, así como su vecino, obligo a mí y a mis bienes muebles e raices, habidos o por haber, de dar e pagar en cada un año... al dicho Concejo o a su mayordomo, veinte maravedís de esta moneda corriente de Castilla, que blancas viejas o tres nuevas valen un maravedí, por razón de que yo pueda pacer e pescar...[1].

Cuando los hijos de los pastores eran nietos de los nietos de los primeros pastores, el 22 de julio de 1531, el Concejo albercano, convocado a son de campana tañida, cedió a los habitantes

---

[1] Revista *Las Jurdes,* núm. 27, páginas 83-87, mencionada por P. Hoyos: *op. cit.,* pág. 137.

de las majadas el dominio útil de la dehesa de Las Hurdes, quedando La Alberca con el dominio directo. Los colmeneros y pastores quedaron obligados a un pago que consistía en *3750 maravedís y 37 pares de perdices, apreciados en dos reales cada par, pagadero en dos plazos, de San Juan de Junio y Navidad* [1]. Las perdices eran para el duque de Alba, que no tenía mal gusto.

Por todo el tiempo que Las Hurdes fueron socampana de La Alberca, albercanos y hurdanos se pelearon espléndidamente. Sin querer arrimar el ascua a ninguna de las dos sardinas, es fácil imaginar que a unos y a otros les movía la ambición de ordeñar los pocos olivos que la tierra hurdana mantenía, y de chupar las flores que llenaban corchos melifluos.

Bajaban las autoridades albercanas, cada año, a hacer pesquisas de los árboles, que, fácilmente, cortaban los hurdanos; de los fuegos que hacían para que creciera más fuerte la hierba; y de esas pequeñas o grandes fechorías que se le ocurren a cualquier hijo de vecino para llenar la bolsa o la barriga. Lo malo es que la bolsa se la vaciaban los albercanos en sus visitas. Y sus razones tendrían al hacerlo, porque los tribunales dieron casi siempre la razón a La Alberca.

Los albercanos han tenido sobre Las Hurdes un poderío en gran parte abrumador hasta este siglo XX en que los hurdanos han levantado cabeza y los albercanos han ido a pobres con bastante prisa. De los numerosos olivares que llenaban de aceite la sartén de La Alberca, del montón de corchos que manaban la miel que da sabor al típico turrón albercano, no quedan más que algunos restos que no ha podido tragar el tiempo todavía.

---

[1] Revista *Las Jurdes*, núm. 24.

POR LA SIERRA DE FRANCIA

Todas las carreteras que nacen en La Alberca traen contento a los ojos y un poco de cansancio al automóvil. Vale la pena caminar.

Podíamos bajar hacia Herguijuela maravillándonos con la vega de Cepeda. Podíamos seguir hasta Sotoserrano, donde se escurre el mejor vino de la comarca y bajar al río Alagón, a buscar a los *ñisqueros* e hincharnos de peces, entre trago y trago, con el delicioso gusto del moje.

Por hacer camino redondo, quizá sea más cómodo y tan hermoso bajar por Mogarraz a Miranda, subir luego a Sequeros, descender a San Martín del Castañar y subir a buscar de nuevo la carretera de Salamanca en El Casarito.

Entre parras de vino caliente, Mogarraz ofrece un montón de rincones para pintores.

En las bodegas umbrosas de Mogarraz se vuelve uno más ingenioso, más locuaz, más contento que unas pascuas. En las bodegas deliciosas de Mogarraz se olvida uno de los bellos rincones para dibujar.

Miranda del Castañar se alza sobre un cerro frente a la carretera, en erguida estampa de villa fuerte. Miranda fue cabeza de condado, y aún conserva castillo y muralla [1].

El castillo ha parado en cuartel de la Guardia Civil y solamente conserva su gracia antigua la airosa torre del homenaje.

---

[1] Con posterioridad a la primera edición de este libro se ha publicado un muy importante estudio: Julián Alvarez Villar. *La Villa Condal de Miranda del Castañar*. Salamanca, 1972.

La muralla tiene cuatro puertas: la de la Villa, la del Posti-go, la de San Ginés y la de Nuestra Señora. Por cualquier puerta se descubre un pueblo defensivo, de casas sin huecos, de calles estrechas, de dinteles con escudos.

En el centro de la villa está la iglesia de Santiago y San Gi-nés, separada de su esbelta torre. Debajo del coro, las estatuas yacentes de los reconquistadores de Miranda reposan, llenas de polvo, sobre las sepulturas.

Más hermosa que la iglesia del lugar es la ermita de la Vir-gen de la Cuesta, patrona de la villa. La ermita queda fuera de la muralla, a mitad del camino que sube al cerro, desde el río Francia, la pechuga. Las gentes de Miranda quieren mucho a su virgen, y le hacen fiesta el 8 de setiembre llevándola en procesión nocturna con muchas luminarias de cera y aceite y echando en una alfombra, delante de la imagen, los ofrecijos. A la imagen chiquita que apareció, según la leyenda, en el tron-co de un olivo, las devotas del pueblo la han arropado tan cas-tamente que sólo deja ver su rostro y manos. Y no demasiado. Lo que es una gran pena porque la talla parece ser del siglo XIII. Es curioso que en la antigua cofradía no se admitiera a los nobles.

La tierra de Miranda es tierra de buen vino. El vino está ahora gobernado y hasta embotellado por una Cooperativa. Uno, piensa que los miembros habrán leído al menos una de las Or-denanzas, la del Tabernero, que la villa de Miranda dictó en el siglo XVI, *en el Nombre de Dios Padre, Hijo y Espíritu Santo:* la *Ordenanza del Tabernero* dice así, poco más, poco menos:

...Se previene que el tabernero venda buen vino, y si las autoridades encargadas de visitarlo comprobasen que el vino no era bueno debían de impedir su venta, bajo multa de desobe-diencia, y derramarlo públicamente.

Obliga también a que el tabernero facilite *mesas y manteles y sal y lumbre y agua para comer a los forasteros, y si vendiere vino de otro precio de como fuere pregonado pague de pena por la primera vez cien maravedís al Concejo y cincuenta al fiel o acusador, y por la segunda, la pena doblada como por cualquier otra ruindad que hiciere en el dicho vino; y más castíguelo la Justicia conforme al delito que hiciere* [1].

Con ordenanzas como esta se puede bien vivir.

Dando vueltas con la carretera, bajando y subiendo entre parras y olivos, por tierras que suben cálidos vapores a los poros de la sensualidad, se llega a Sequeros, dejando a la izquierda a Garcibuey y Villanueva.

Sequeros, casi a medio camino en la carretera de Ciudad Rodrigo a Béjar, tiene una ermita y un mirador por donde asomarse a uno de los más bellos paisajes serranos. Sequeros, pueblo pequeño y joven, acertó a levantarse con la cabecera del partido.

San Martín tiene casonas de sierra, balcones sombreando la calle, y escudos. San Martín tiene rancio abolengo en los escudos, en la fuente de la plaza, en el castillo que partió un rayo, y que vela con su ruina la muerte del cementerio.

San Martín fue hacienda de los obispos de Salamanca. Quizás de ello le queda una iglesia con cúpula, con artesonado mudéjar en la nave derecha y en la central, con formas góticas en la tercera nave. Junto a la Iglesia, una lápida sepulcral en forma de hito recuerda a la matrona romana Bolsea, madre del centurión Reburro.

San Martín del Castañar, como todos. los pueblos viejos y nobles, tiene una leyenda, que acaba en Las Batuecas, como la de los enamorados de Alba de Tormes que ya hemos narrado.

---

[1] Amable García Sánchez: *Historias y leyendas salmantinas.* Salamanca, 1953, páginas 69-70.

Erase una vez una bella hija de los condes de Miranda, a la
que un mozo de San Martín del Castañar consiguió enamorar.
Y como el conde no quería...

CAMINOS BREVES PARA HACER PIERNAS

A 3 minutos o 6 de andar a pie, La Alberca ofrece lugares
hermosos como para echarse a soñar: los prados, las eras, el pinar del señor Román, el Pozo del Obispo, los Molinos, la Fuente del Indiano, el Paraíso de Elías, cualquier puñado de árboles,
cualquier rumor de aguas es bueno para tenderse boca al cielo
y olvidar que el tiempo va desgastando los relojes.

Para quitar de los músculos la pereza que les pone el verano
y la gratísima sombra del nogal y del castaño, conviene perderse
por cualquier sendero, a la buena de Dios, que es la mejor manera de perderse y de encontrar sorpresa. O subir a los hombros
de la sierra a espiar horizontes.

El Portillo de la Cruz es buen lugar para pensar el oleaje
mugriento de las colinas de Las Hurdes y sentir el aire que pasa,
como un río lleno, entre Salamanca y Extremadura.

Desde los peñascos de la Horconera puede uno descolgarse
y caer, con un poco de suerte, en el tejado de la torre de Herguijuela de la Sierra.

Al Pico Buitrero hay que subir con un cuchillo de monte
para soñarse Tarzán dispuesto a abatir los dos metros de sin-
gladura de las águilas y buitres que dominan el aire de Las Batuecas.

La Peña del Huevo tiene forma de mitad de cascarón bien
puesto en el espinazo de la sierra. En la cima de la Peña del

Huevo, hay espacio para merendar en amistad, sin prisa alguna, un cuarto de cabrito asado al aire, que es el asado más primitivo y más gustoso que se ha buscado el paladar del hombre. Es un placer quedarse, luego, panza arriba, escuchando la tormenta de cualquier pedrusco desprendido que rueda por la ladera hacia el silencio de los frailes del Santo Desierto de San José de Las Batuecas. Y, si uno quiere, y aún sin querer a veces, adormilarse bajo el sol.

Al otro lado de La Alberca, entre Mogarraz y San Martín, está la paz más bienoliente que uno pudiera desear, en la Laguna de San Marcos que refresca ruinas de vieja ermita y refleja la silueta infantil de unos chopos que apenas han aprendido a temblar. Monte de robles y tomillo, agua de ranas y de tencas, lejanías del mundanal ruido.

Y más abajo, tirándose al barranco, las aguas del río Francia, del *Arró L'Huevo,* del *Arró L'Alberca,* que se juntan para ahondar en la roca la Cuna, el Caozo, la Olla, el Pucherino... O para limar bordes de guijarrillas claras y aislar, en mitad del remanso, casi con manos alfareras, torres de piedra a las que llaman las Picotas. Aguas del río Francia, clarísimos y deliciosos cristales que aman las truchas y en los que mirarse el ombligo a su limpio través, a dos cuartas de distancia, pudiera ser la más primitiva complacencia que gustó el hombre.

* * *

* *

*

MONUMENTO NACIONAL

Cada villa,
su maravilla.

(Refrán popular castellano)

El Ayuntamiento de La Alberca, haciéndose eco de los deseos de eximios artistas, tanto nacionales como extranjeros, y queriendo ser fiel guardador de la belleza de su caserío, que tantas obras maestras ha sugerido, aspira al honor de que el pueblo sea declarado, íntegramente, Monumento Histórico-Artístico.

En efecto; el pueblo de La Alberca, situado al pie de la Peña de Francia y a corta distancia del renombrado Convento de Las Batuecas, aun cuando carece de historia y de monumentos, ostenta en cambio un caserío de tipo serrano, cargado de emoción artística y de sorpresas pintorescas. Encuadrado en un paisaje montaraz de fuerte vegetación y magníficas vistas. Constituye una sorpresa descubrir allí un grupo de pueblo petrificado en su vetustez, con pureza de carácter arquitectónico, libre de intromisiones estilísticas, con aquella pátina de vejez, tan grata y adecuada a lo ancestral de la vida y costumbres que sus moradores mantienen.

Así, La Alberca ha sido y es el encanto de los artistas y poetas que en ella aciertan a detenerse. Merece, pues, este poblado ser investido de la solemnidad de cuantas declaraciones oficiales sean precisas, para afirmar la pública estimación de su valor.

Por todo ello, y teniendo también en cuenta el informe favorable emitido por la Real Academia de Bellas Artes de San Fernando; a propuesta del Ministro de Educación Nacional y previa deliberación del Consejo de Ministros, dispongo:

Artículo 1.º.—Se declara Monumento Histórico-Artístico al pueblo de La Alberca (Salamanca); comprendiendo el casco de la población y su extrarradio en un espacio de quinientos metros en torno del mismo.

Artículo 2.º.—La Corporación municipal, así como los propietarios poseedores de los inmuebles enclavados en aquel pueblo, quedan obligados a la más estricta observancia de cuanto se dispone en las leyes del Tesoro Artístico Municipal y de Ensanche de Poblaciones.

Artículo 3.º.—Cuando sea necesario realizar obras de reparación o reforma en inmuebles, que por sí mismas ofrezcan escasa o ninguna relación con la finalidad de este Decreto, bastará, para ejecutarlas, el informe favorable emitido con carácter urgente por la Comisaría General del Servicio de Defensa del Patrimonio Artístico-Nacional, previa solicitud del interesado y propuesta del Comisario correspondiente; pero quedando, además, sujeta a lo que disponen las Ordenanzas Municipales y la legislación general vigente. Si la reparación o reforma implicase modificación esencial del inmueble, habrá de emitir igualmente dictamen la Real Academia de Bellas Artes de San Fernando o la de la Historia.

Se seguirá el mismo procedimiento y tramitación en las edificaciones de nueva planta y zonas de ensanche o separadas del núcleo de la población.

Así lo dispongo por el presente Decreto, dado en el Pardo, a seis de setiembre de mil novecientos cuarenta. FRANCISCO FRANCO.

El Ministro de Educación Nacional, José Ibáñez Martín.

(Decreto, 6-IX-1940)

VOCABULARIO

Al hablar, como al guisar,
su granito de sal.

(Refrán popular castellano)

A

amesentao. Que tiene miedo.

ande? Dónde, adónde.

andinantes. Antes.

anillos de horno y pan. Los anillos usados en la ceremonia del casorio.

antroja. Frase rara.

arró. Arroyo.

arzapón. Alzapón, trampa o portañuela de los calzones que cubre la pretina desde las ingles a las caderas, dejando sobre éstas dos aberturas a manera de bolsillos.

asina. Así.

B

bajero. Pieza, de la clase que sea, situada en parte inferior.

bandujo. Estómago del cerdo que se llena con trozos de costillas, de tocino escogido, de partes entreveradas, etc. Se adoba, sala y cura como cualquier embutido, y se conserva sabroso y fresco durante muchos meses.

barquillos. Bernegales, vasos de plata, enchufados por parejas, con los que se reparte el vino al pueblo el *Lunes de Aguas.*

bellotones. Nódulos de celulitis.

bernio. Mandil o delantal.

bollagras. Bolas afiligranadas ensartadas en las *vueltas* del *traje de vistas.*

bollo maimón. Típico roscón de masa de bizcocho.

brazaleras. Manojo de cadenillas que cuelgan en el arranque del brazo en el *traje de vistas.*

C - CH

cachas. Armazón de listones de madera a modo de bastidor enrejado para colocar las castañas en el sequero.

camisa galana. Camisa de lienzo con *tabla* bordada.

campo casa. Vestíbulo.

candorga. Planta de hojas largas y carnosas que crece en las paredes y que la mujer emplea como supersticioso amuleto contra brujerías, llevándola en contacto con la piel cerca de la cintura.

canicú. Calabaza.

capullina. Copa de árbol.

caracoles. Adorno en curvas sobrepuesto en la parte baja de las sayas.

carretes. Especie de torres de ajedrez sobredoradas, que alternan con las *bollagras* en las *vueltas* del *traje de vistas.*

casas de por Dios. Casas del Ayuntamiento en las que viven las familias más pobres.

cascarreña. Ripio con que se rellenan los espacios entre maderas en la construcción.

casorio. Boda.

castillo (hacer el). Prueba de fuerza y equilibrio al final de la danza típica: forman base 4 mozos cogidos por los hombros, 3 en pie sobre los hombros de éstos, y finalmente uno más en pie sobre los últimos.

cazoletas. Sostén de asador, etc.

cintas. Los listones que forman el enrejado de las cachas del sequero.

cogolmillo. Hongo comestible.

corazón de novia. Joya o amuleto, regalo del novio, que cuelga en el *traje de vistas*.

cuartillas (las). Ofrenda pública que se hace a los novios en el atardecer del día de la boda.

cuarto'l salaero. Habitación para salar la matanza.

cuquear. Burlar en la noche imitando el canto del cuco.

chaguarzo. Mata parecida al tomillo pero inodora.

chazan (se). Se coagulan.

D

dácalo. Dámelo acá.

dande. De dónde.

dejaime. Dejadme.

día del trago. Vid. *trago*.

diagosto. 15 de agosto, fiesta de la Patrona Asunción de la Virgen.

dialpendón. Día conmemorativo de la hazaña bélica femenina; el Lunes de Pascua.

dijes. Amuletos: *La trucha, el cuerno, la castaña, la media luna, la pezuña de la Gran Bestia*.

duelos. Contracción dolorosa del parto.

dulces de llevar. Aquéllos con los que se obsequia a quienes llegan a dar la enhorabuena, para que los lleven a sus casas, envueltos en pañuelos: *Floretas, turruletes,* etc.

E

echaime. Echadme.

encetar. Empezar el hornazo cortándolo con una navaja nueva.

engarañao. Con frío.

enriá (estar). Enferma con supresión del período por mojadura.

entavia, entavía. Todavía.

entremijo. Piedra plana circular para blanquear el lino; hoy para escurrir las *escuillas.*

escancianos. Ocho casados el año anterior, que tenían varias curiosas obligaciones como *correr los gallos,* dar el *trago* al pueblo en la plaza, etc.

escuarajaura. Enfermedad con formación de *bellotones.*

escuilla. Loza pequeña de barro.

espetera. Conjunto de objetos de cobre que se cuelgan de la pared para adornar.

espiga (la). Obsequio que después de la cena del *casorio,* van dando a cada novio quienes bailan con ellos.

expotricar. Saltar la lumbre.

F

farraco. Farraca, faltriquera.

floreta. Dulce de llevar hecho en la sartén con moldes en forma de flor.

fratriquera. Faltriquera.

frejón de manteca. Fréjol blanco muy tierno.

G - H

galletas. Anforas de cobre con pitocho por el que se llenan los *barquillos* para dar el *trago.*

garrapato. Cerdo que no ha cumplido el año.

guilindina. Resina de guindo o cerezo.

hilos (los). Collares de oro.

hoguero. Hogar, cocina.

hollecas. Castañas que han quedado sólo en cáscara.

hornazo. Especie de pan, cuya masa lleva aceite y azafrán, —lo que le da color amarillento— guarnecido de huevos cocidos con cáscara, chorizo, salchichón, jamón, etc., que se recuecen en el horno.

J - L

jugón. Jubón.

juitas. Escultura de un sayón de grotesca nariz; conduce la del *Ecce Homo* en uno de los pasos más populares de la Semana Santa.

justicias. Concejales.

loa (la). Conjunto dramático de *Loa* y *Auto* que en honor de la Asunción, se representa en público el 16 de agosto. Más antiguo es el *Auto*; más de circunstancias, la *Loa*. Pero a todo el conjunto lo denominan *la Loa*.

lunes de aguas. Lunes siguiente al de Pascua, que en la región salmantina suele festejarse con una merienda campestre. Vid. *trago*.

M

magosto. Asar castañas en las noches de *serano*.

majos. Vestidos o atavíos propios de los días de fiesta.

malas (las). Brujas.

malo de enfermedad. Gravísimo.

mallao (estar). Estar molido; después de recibir palos.

mandofiel. Hombre de edad que ordena los riegos.

manojitos de coral. Collares pequeños del *traje de vistas*.

maza de macho. Pata de atrás del macho cabrío sacrificado.

me caiso en brena. Frase interjectiva para expresar asombro, enfado, etc. Se desconoce su origen.

mi señor, mi señora. Tratamiento que se da a los padres políticos, en lugar de mi suegro, mi suegra.

mollique. Ropas bajo la saya para formar cadera.

mora. Vesiculita o principio de grieta muy superficial en el pezón de la mujer.

morrando. Sintiendo que la cabeza se va, a causa del vino bebido.

moza de ánimas. Mujer que diariamente, al anochecer, corre las calles tocando una campanilla e invitando a rezar por los muertos; es acompañada por un grupo de mujeres.

moza (de) la pica. Hermana soltera que sigue en edad a la novia.

mozo del pollo. Hermano soltero que sigue en edad al novio y lleva, en la boda, un arbolillo con un pollo colgando.

N - Ñ - O

niña (de) la vela. Acompaña a la novia en su ida hacia la iglesia.

novena (la). Rezo de las mujeres, en la tarde del domingo, ante la Virgen de los Dolores.

novenas. Rosarios con relicarios que lleva de la mano la que va a ofrecer en entierros y oficios de difuntos.

ñisqueros. Pescadores de peces pequeños.

ofertorio (el). Acto típico en la plaza, ante la Virgen de la Asunción, el 15 de agosto.

P

pa. Para.

pa tó. Para todo.

paice. Parece.

pájaras. Figuras de ave en los bordados típicos locales.

palmero. Cestillo circular hecho con mimbre.

pañizuelo. Paño que cubre el *palmero.*

paño de pared. Paño de lino bordado para adorno.

patajeno. Pata-de-heno. Personaje del carnaval, que embute piernas y cuerpo en sacos de paja o de heno.

pecados capitales. Siete personajes de *la Loa.* Suelen ser niños grotescamente vestidos que simbolizan los siete pecados capitales: soberbia, avaricia, etc.

pechar. Cerrar la puerta con llave.

pendón de las mujeres (el). Estandarte ganado por las mujeres a los portugueses. 2. Obsequio (monedas) que se hace a mujeres y niños el *Dialpendón.*

petalla. Hacha pequeña.

pezuña de la Gran Bestia. Vid. *dijes.*

pica. Rosca en pico. 2. Arbolillo que lleva la *moza (de) la pica* en el acto de *las cuartillas.*

pus. Pues.

R

ramo (el). Danza típica en la que ocho mozas trenzan y destrenzan cintas de seda que cuelgan de dos arbolillos unidos por las copas.

remudo. Muda de ropa interior.

ristres. Ristras.

S

sanjuanes. Arboles esbeltos que, mozos y niños, levantan en la noche de San Juan en las plazuelas.

sequero. Espacio del desván, sobre la cocina, donde se van secando lentamente las castañas con el humo.

serano (hacer). Reunión en torno a la lumbre, después de cenar, para entretener el tiempo de invierno.

solano. Solana, sitio donde se toma el sol en tiempo fresco.

sonocusco. Chocolate.

T

tabla. Pechera de camisa.

tallizo. Lancha tras la lumbre de la cocina.

tiñuelas. Grietas transformadas en llagas que suelen aparecer en el pezón de la mujer.

tizneras. Postes pequeños al lado del fuego en la cocina.

to. Exclamación que significa extrañeza.

tornapeón (trabajar a). Manera de ayuda mutua de los labradores prestándose el trabajo personal.

trago (el). Obsequio de un vaso de vino que hace el Ayuntamiento al pueblo en recuerdo de la victoria femenina sobre los portugueses. Se da en la plaza el *Día del trago* o *Lunes de Aguas.*

traje de vistas. Traje típico femenino, oriental, único en España.

trashoguero. Espacio entre el fuego y la pared en la cocina local.

tronera. Tormenta.

tropicar. Tropezar.

trujon. Trajeron.

turrulete. Pestiño. "Dulce de llevar", de estructura hojaldrada. La pequeña masa rectangular se aplasta contra botellas labradas o cestillos; al freirse en aceite de sartén, se retuerce buscando formas cilíndricas, después se espolvorea con azúcar.

U - V - Z

uña de gato. Tipo de revoco áspero, hecho con escobilla fuerte.

vallipuerta. Batipuerta o parte superior de una puerta grande cuando está dividida horizontalmente en dos mitades.

ventanillo de la hierba. Por donde se introduce el heno en el sobrado.

ventioseno. Traje de luto de mujer.

virtudes. Siete personajes de *la Loa.* Suelen ser niñas dulzonamente ataviadas, que simbolizan las siete virtudes: humildad, largueza, etc.

vueltas. Collares grandes del *traje de vistas.*

zambulerio. Columpio.

INDICE

ESTE LIBRO DE JOSE MARIA REQUEJO
TITULADO «LA ALBERCA» SE TERMINO DE
IMPRIMIR EL DIA 15 DE MAYO DE 1981,
FESTIVIDAD DE SAN ISIDRO LABRADOR, EN
LOS TALLERES DE GRAFICAS CERVANTES,
DE LA RONDA DE SANCTI-SPIRITUS EN LA
CIUDAD DE SALAMANCA